Quevedo
SONETOS
AMOR
Y OTROS POEMAS

Selección y prólogo
Beatriz Stilman

longseller

Sonetos de amor y otros poemas
© Longseller, 2005

GERENCIA DE EDICIÓN: Diego F. Barros
EDITORA: Diana Blumenfeld

DIVISIÓN ARTE LONGSELLER
DIRECCIÓN DE ARTE: Adriana Llano
COORDINACIÓN GENERAL: Marcela Rossi
DISEÑO: Javier Saboredo / Diego Schtutman
DIAGRAMACIÓN: Santiago Causa / Mariela Camodeca

Longseller S.A.
Casa matriz: Avda. San Juan 777
(C1147AAF) Buenos Aires
República Argentina
Internet: www.longseller.com.ar
E-mail: ventas@longseller.com.ar

Quevedo, Francisco de
    Sonetos de amor y otros poemas / Francisco de Quevedo; con prólogo
de: Beatriz Stilman; seleccionado por: Beatriz Stilman.- 1ª. ed.; 1ª. reimp.-
Buenos Aires: Longseller, 2005
    288 p.; 18x11 cm (Clásicos de Siempre. Poesía)

    ISBN 987-550-129-8

    1. Poesía Española I. Beatriz Stilman, prolog. II. Beatriz Stil-
man, selec. III. Título -
    CDD E861

Esta edición de 3.000 ejemplares se terminó de imprimir
en la planta impresora de Sevagraf S.A., Buenos Aires,
República Argentina, en diciembre de 2005.

Musas castellanas

Don Francisco Gómez de Quevedo y Villegas, el poeta y prosista español, cuya poesía amorosa (milagro de nuestro idioma) se recopila en este volumen,[*]

---

[*] La obra poética de Quevedo no fue publicada hasta después de su muerte. La primera edición, preparada por González de Salas, se publicó en 1648, con el título El Parnaso español, monte en dos cumbres dividido, con las nueve musas castellanas. Las ediciones sucesivas, hasta llegar a la de José Manuel Blecua, padecieron diversas interpolaciones y pérdidas. Para esta edición se ha optado

fue uno de los genios mayores de la literatura universal. Hombre de intelecto luminoso y gran erudición, de pasiones intensas y humor sardónico (cuando no corrosivo), su obra revela la complejidad y sus muchas facetas a través de notable variedad de tonos y temas. Así pudo, con idéntica sinceridad, entusiasmo y grandeza, escribir obras de elevado propósito moral y cantos a las pasiones, poemas devotos y poemas pícaros, elogios y venganzas, exhibiendo siempre sin tacha su calidad de poeta supremo e inspirado.

Aunque sus poemas de amor en absoluto ignoran lo crudamente físico, no

---

por el procedimiento de modernizar la grafía de unas pocas palabras y abreviar o reemplazar algunos títulos dilatados o excesivamente barrocos (no siempre achacables al propio Quevedo) por la primera línea del poema.

menos intensamente subrayan la fuerza de los sentimientos, la pasión, acaso el mismo "amor-pasión" de Stendhal. En todo caso, una vivencia tras la cual se oculta cierta presencia sólida y constante, parte esencial de la vida del hombre en el mundo. Una de sus claves sería la idea de que lo divino invita a la mente al amor, y que esta pasión es la que ilumina el vivir del que ama. Esto dejando de lado cierta actitud distante, humorística, acerca del amor (especialmente del amor de otros) que Quevedo supo adoptar en sus poemas satíricos.

Quevedo nació en Madrid el 17 de septiembre de 1580, y fue bautizado el 26 de septiembre en la parroquia de San Ginés. Era el tercero de seis hermanos; su padre fue Pedro Gómez de Quevedo, y su madre, María de Santibáñez.

Los Quevedo pertenecían a la nobleza primigenia del valle de Toranzo, y descendían de caballeros castellanos; su casa solariega estaba entre Bárcena y Bejorís, en la eminencia de Cerceda, de la que era señor Pedro Gómez de Quevedo. Este sirvió como secretario a la princesa María desde la época en que ella gobernó el reino por ausencia de su padre Carlos V, y la acompañó fuera de España cuando Maximiliano, su esposo, se coronó emperador de Alemania. En 1578, de regreso en su patria con recomendaciones de la princesa para Felipe II, Pedro Gómez de Quevedo obtuvo el puesto de secretario de la cuarta mujer de Felipe, Ana de Austria, y a fines de 1579 se casó con María de Santibáñez, también de origen noble.

A temprana edad perdió Francisco de Quevedo a su padre, pero su madre, mientras vivió, atendió sin sobresaltos a su crianza y educación. Muerta también ella, el poeta en ciernes tuvo como tutor a Agustín de Villanueva, protonotario de Aragón. Aprendió primero el latín y el griego, y luego, en la Universidad de Alcalá de Henares, se perfeccionó en Letras, y estudió el árabe, el hebreo, el francés y el italiano, y se graduó en Teología.

Su amistad con Pedro Téllez Girón, más tarde Duque de Osuna, data aproximadamente de 1599, cuando ambos estudiaban en la Universidad de Alcalá. Probablemente Quevedo acompañó al futuro duque a Sevilla y Osuna, ya que el 4 de octubre no se presentó a recoger su título de bachiller.

Entre 1601 y 1605 estudió Artes y Teología en la Universidad de Valladolid (el 11 de enero de este año el Duque de Lerma había trasladado a esta ciudad la capital del reino). De esta época datan, también, el comienzo de su fama de poeta y sus contrapuntos con Góngora. A los veintitrés años, ya célebre por su erudición y sus dotes, Quevedo se encontraba en correspondencia con los más importantes humanistas españoles y extranjeros. Justo Lipsio, desde Lovaina, lo definía como «el mayor y más alto honor de los españoles», mientras el Padre Mariana le confiaba el examen de los textos hebreos. Quevedo era versado, también, en matemáticas, medicina, astronomía, la entonces llamada "filosofía natural", y las ciencias morales y políticas. Durante este lapso escribió numerosos poemas, que ya competían –y guerreaban– con los de Góngora.

Pedro Espinosa incluyó varios poemas suyos en la famosa antología *Flores de poetas ilustres*, publicada en Valladolid, en 1605. También comienzan en esta época de estudiante otras hazañas de Quevedo, menos aplaudidas que sus versos, aunque por momentos le hayan deparado cierto renombre: era enamoradizo y peleador. Una vez, en Alcalá, quitó la dama a un camarada, Diego Carrillo, a quien hirió de gravedad en duelo, lo que dio lugar a un proceso de cuyas graves consecuencias lo salvó la intercesión del Duque de Medinaceli. En Nápoles se enamoró de la esposa del magnate Menardini, y esta vez el duelo fue abortado por el Duque de Osuna. Una noche de enero de 1607, caminando por la calle Mayor de Madrid, se cruzó con un capitán Rodríguez que no le cedió el paso, y ambos se hirieron a gusto con sus espadas antes de terminar haciéndose amigos. Más duraderas que las hazañas de Quevedo con la espada son los escarmientos y victimizaciones que hizo con su verso satírico –agudo, acerado, feroz al extremo del insulto– apenas se lo proponía. Contra un capellán de la vecindad de Fresno de Torote, donde convalecía de una enfermedad en 1608, escribió el soneto famoso que empieza:

Érase un hombre a una nariz pegado…

Pero su blanco predilecto fue Luis de Góngora, a quien lo encadenaba un odio indestructible:

Yo te untaré mis obras con tocino,
porque no me las muerdas, Gongorilla,

perro de los ingenios de Castilla,
doctor en pullas, cual mozo de camino.

La vida de Quevedo fue un rosario
de vicisitudes dramáticas, en el que
triunfos, destierros y prisiones alternan
casi sistemáticamente; es visible que,
aunque jamás dejara de escribir, la vida
pública le importó muchas veces tanto
como la escritura, o más. En este rosa-
rio, además, no siempre es fácil saber
qué cuentas son obra de la leyenda. A
principio de 1609 dio comienzo su
pleito por el señorío de la Torre de Juan
Abad, que le amargó la vida. En 1610, el
padre Antolín Montojo le negó permi-
so para publicar el *Sueño del Juicio Fi-*
nal, calificándolo de "chabacano e im-
prudente". Ese mismo año, su amigo el
Duque de Osuna fue nombrado virrey

de Sicilia, donde Quevedo acudió en busca de refugio, tras matar en duelo en el atrio de la iglesia de San Martín a un hombre que había abofeteado a una mujer. En 1611 viajó a Toledo, visitando al padre Mariana, y en abril de 1612 vivía retirado en la Torre de Juan Abad, desde donde dedicó al Duque de Osuna el *Mundo por de dentro*, y envió a Tamayo de Vargas la *Doctrina moral del conocimiento propio y desengaño de las cosas ajenas*.

En 1613, siempre desde Juan Abad, y profesando un arrepentimiento que algunos reputan de insincero, trató de mitigar las aflicciones que sus aventuras habían causado a su tía Margarita de Espinosa y Rueda, remitiéndole el *Heráclito cristiano*, y casi al mismo tiempo envió a fray Juan de Montoya las *Lágrimas de Jeremías castellanas*. «¿Qué puede enviar un hombre solo desde un desierto, sino lágrimas?», le dijo. Acto seguido abandonó el "desierto" para trasladarse a Palermo, donde se puso al servicio del Duque de Osuna.

A partir del verano de 1613, ya como consejero del Duque, Quevedo se hizo cargo de misiones diplomáticas con los ministros de Nápoles y Milán, con el Pontífice y los potentados, con vistas a la campaña del Piamonte; entre sus misiones se contaban, como es de rigor, el espionaje y el soborno. En 1614 viajó a Niza, para observar al Duque de Saboya, que había invadido el Monferrato, y tomó nota de la predisposición de sus habitantes a entregarse a España, la precaria defensa del castillo y los puntos débiles de los pasos del Piamonte.

En 1615, el Parlamento siciliano lo eligió embajador para llevar los donativos ordinarios y extraordinarios a Felipe III, además de otro especial para el Duque de Uceda. También llevaba, y cumplió, el encargo de convencer al Duque de Lerma de la conveniencia de nombrar virrey de Nápoles al Duque de Osuna. Éste le había encomendado indagar la opinión que de su gobierno tenían los Consejos de Estado y de Italia; para ilustrar esta opinión, llevaba Quevedo treinta mil ducados, «para untar aquellos carros para que no rechinasen, aunque estaban ya más untados que brujas».

En marzo de 1616, Quevedo obtuvo una pensión de cuatrocientos ducados en premio a sus servicios en Sicilia. Logró el nombramiento de Osuna como virrey de Nápoles: el 13 de abril (ocho días antes de la muerte de Cervantes, que ignoró) Quevedo le escribió a su amigo para avisarle que sin tardanza debía viajar para ocupar su cargo, mientras él se le reuniría desde Cartagena. En 1617, el parlamento de Nápoles eligió a Quevedo como embajador para llevar a Madrid el donativo bienal al rey; previamente, Quevedo pasó por Roma para averiguar la política de Paulo V acerca de España y Venecia; luego, con gran pompa, tratamiento de virrey y en naves armadas, viajó a España a cumplir su mandato. A fines de ese año, se hizo merced en Madrid a Don Francisco de Quevedo y Villegas del hábito de la Orden de Santiago, hábito que le dio en persona el Duque de Uceda, con la pompa más solemne, en la Iglesia de las religiosas Descalzas Bernardas del

Sacramento, para regocijo de burladores y autores de letrillas madrileños, y en especial de Don Luis de Góngora y Argote, que compuso para la ocasión un soneto antológico.

En 1618, tras una recepción triunfal del pueblo y la nobleza en Nápoles, Quevedo defendió al Duque de Osuna ante el Consejo de Estado de la acusación que lo complicaba en la Conjuración de Venecia. Según una crónica, el mismo Quevedo se salvó de contarse entre los ahorcados por el gobierno veneciano, huyendo de la ciudad disfrazado de mendigo; otra crónica dice que para esa fecha estaba en Madrid. En todo caso, el Senado de Venecia ordenó quemar en estatua a Quevedo. Este episodio histórico señala el ocaso de la buena estrella del Duque de Osuna, y el comienzo de las denuncias y difamaciones en torno a sí.

Entre 1619 y 1621 Quevedo asiste entre bambalinas, pero no sin participar, a las dramáticas luchas, triunfos y derrotas de privados y favoritos, mientras continúa con sus actividades literarias y casi termina la *Política de Dios*. Comprometido en los asuntos del Duque de Osuna, especialmente en la cuestión de los sobornos, Quevedo fue desterrado a la Torre de Juan Abad, luego encarcelado en Uclés, y más tarde devuelto a la Torre. En la Torre escribió las poesías más burlescas y agresivas que se le conocen, y también *Mundo caduco y desvaríos de la edad en los años desde 1613 a 1620*, y *Los grandes anales de quince días, historia de muchos siglos que pasaron en un mes*; trabajó en la *Po-*

*lítica de Dios, gobierno de Cristo y tira-
nía de Satanás,* y redactó el *Sueño de la
muerte (Visita de los chistes),* último
de los *Sueños.*

El 4 de enero de 1622, en razón de lo
actuado en el proceso del Duque de Osu-
na, fue otra vez desterrado a la Torre de
Juan Abad; en diciembre, tras una grave
enfermedad de la que cura en Villanue-
va, se lo dejó en libertad bajo «prohibi-
ción de entrar en la corte ni acercarse a
ella en diez leguas a la redonda».

Pero en 1623 está de vuelta, elogian-
do al Rey y a su privado, el Conde-Du-
que de Olivares. En 1624 acompañó al
Monarca a Andalucía, y lo tuvo de
huésped en su Torre de Juan Abad, ha-
biendo cobrado fama el percance de Fe-
lipe IV, quien hundió la cama que le
ofreció Quevedo. El 25 de septiembre

murió su amigo en desgracia, el Duque de Osuna, y Quevedo compuso el soneto cuyos primeros ocho versos constituyen el mejor premio a tantos afanes e intrigas, y son la fuente de la fama imperecedera del Duque:

Faltar pudo su patria al grande Osuna,
pero no a su defensa sus hazañas;
diéronle muerte y cárcel las Españas,
de quien él hizo esclava la Fortuna.

Lloraron sus envidias una a una
con las propias naciones las extrañas;
su tumba son de Flandes las campañas,
y su epitafio la sangrienta luna.

Entre 1624 y 1627, aprovechando el crecimiento prodigioso de su fama, se publicaron (aparentemente sin su permiso) *Cuento de Cuentos*, *Política de Dios*, *El Buscón* y los *Sueños*.

Quevedo tomó el partido del apóstol Santiago como único patrón de las Españas, en contra de los que propugnaban a Santa Teresa de Jesús. A esta verdadera refriega religiosa, en la que no dejó de participar la Inquisición, le puso fin el Papa, fallando a favor de Santiago, tras recibir una epístola del propio Quevedo. Quizá tanto aplauso y nombradía dieron al poeta demasiada confianza: se excedió en ciertas críticas de costumbres, y en algunos epigramas acerca del Conde-Duque. En 1628 volvió a ser desterrado a la Torre, donde permaneció entre abril y diciembre.

Terapéuticamente, en 1629 dedicó al Conde-Duque su edición de las poesías de Fray Luis de León, y a principios de

1630, para defender su política económica, escribió y publicó *El chitón de las Tarabillas, obra del Licenciado Todo-se-sabe. A vuestra merced, que tira la piedra y esconde la mano.* Desde entonces, Quevedo tuvo acceso franco a la casa del Conde-Duque a cualquier hora del día.

En 1632 fue designado secretario del Rey. Un nuevo amigo, el duque de Medinaceli, lo representó en las capitulaciones matrimoniales con Esperanza Mendoza, viuda de Heredia, con quien Quevedo casó en 1634; pero la unión duró poco. Ese mismo año, Quevedo publicó con gran éxito *La cuna y la sepultura.* A principios de 1635, Quevedo estaba de nuevo en la Torre, donde escribió su *Carta al serenísimo rey de los franceses,* por la declaración de guerra de Luis XIII; sus enemigos publican en Madrid el libelo: «El Tribunal de la justa venganza contra los escritos de don Francisco de Quevedo, maestro de errores, doctor en desvergüenzas, licenciado en bufonerías, bachiller en suciedades, catedrático de vicios y protodiablo entre los hombres». En 1636, Quevedo escribe *La hora de todos* y *La fortuna con seso*.

A mediados de 1638, salió de la Torre hacia Madrid, pero regresó al pueblo. En 1639 llegó a Madrid, donde el 7 de diciembre de 1639, por orden del Conde-Duque de Olivares, fue detenido en casa del duque de Medinaceli, y trasladado al convento de San Marcos de León, en condiciones que recogió la crónica: «Hallábase entregado al estudio cuando, penetrando en su domicilio con gran silencio, dos alcaldes de corte le registraron, tomaron las llaves de su hacienda, y sin permitirle tomar nada, ni siquiera la capa, le hicieron entrar en un coche y le llevaron al puente de Toledo, donde le esperaba una litera con famoso cortejo de alguaciles y corchetes. De hielo era la noche; tullíase con el frío el preso, y el ministro que le custodiaba tuvo que darle de limosna un ferreruelo de bayeta y dos camisas, y uno de los alguaciles unas medias de paño. Así fue conducido al convento Real de San Marcos, extramuros de la ciudad de León», donde permaneció encarcelado, en las peores condiciones, hasta junio de 1643, meses después de la caída del gobierno del Conde-Duque. En 1644, con su salud muy deteriorada, se retiró de Madrid a la Torre de Juan Abad, y publicó el *Marco Bruto*. A principios de 1645, se trasladó a Villanueva de los Infantes, donde, empeñado en preparar la edición de su poesía, lo encontró la muerte el 8 de septiembre de 1645. Alcanzó a dictar su testamento, y nos legó, a través del vicario de Villanueva, quien lo quiso persuadir de que dispusiese con músicos «un lucido entierro, digno de persona tan principal», este epigrama, que tan directamente nos atañe: «La música páguela quien la oyere».

–Beatriz Stilman

Sonetos
de amor
y
Otros poemas

SONETO AMOROSO
DEFINIENDO EL AMOR

Es hielo abrasador, es fuego helado,
es herida que duele y no se siente,
es un soñado bien, un mal presente,
es un breve descanso muy cansado;

es un descuido que nos da cuidado,
un cobarde, con nombre de valiente,
un andar solitario entre la gente,
un amar solamente ser amado;

es una libertad encarcelada,
que dura hasta el postrero paroxismo;
enfermedad que crece si es curada.

Éste es el niño Amor, éste es su abismo.
¡Mirad cuál amistad tendrá con nada
el que en todo es contrario de sí mismo!

AMANTE AUSENTE
DEL SUJETO AMADO
DESPUÉS DE LARGA
NAVEGACIÓN

Fuego a quien tanto mar ha respetado
y que, en desprecio de las ondas frías,
pasó abrigado en las entrañas mías,
después de haber mis ojos navegado,

merece ser al cielo trasladado,
nuevo esfuerzo del sol y de los días;
y entre las siempre amantes
   jerarquías,
en el pueblo de luz, arder clavado.

Dividir y apartar puede el camino;
mas cualquier paso del perdido
   amante
es quilate al amor puro y divino.

Yo dejo el alma atrás; llevo adelante,
desierto y solo, el cuerpo peregrino,
y a mí no traigo cosa semejante.

COMPARA CON EL ETNA LAS PROPIEDADES DE SU AMOR

Ostentas, de prodigios coronado,
sepulcro fulminante, monte aleve,
las hazañas del fuego y de la nieve,
y el incendio en los hielos hospedado.

Arde el invierno en llamas erizado,
y el fuego lluvias y granizos bebe;
truena, si gimes; si respiras, llueve
en cenizas tu cuerpo derramado.

Si yo no fuera a tanto mal nacido,
no tuvieras, ¡oh, Etna!, semejante:
fueras hermoso monstruo sin segundo.

Mas como en alta nieve ardo encendido,
soy Encélado vivo y Etna amante,
y ardiente imitación de ti en el mundo.

AUSENTE, SE HALLA EN PENA RIGUROSA

Dichoso puedes, Tántalo, llamarte,
tú, que, en los reinos vanos, cada día,
delgada sombra, desangrada y fría,
ves, de tu misma sed, martirizarte.

Bien puedes en tus penas alegrarte
(si es capaz aquel pueblo de alegría),
pues que tiene (hallarás) la pena mía
del reino de la noche mayor parte.

Que si a ti de la sed el mal eterno
te atormenta, y mirando el agua helada,
te huye, si la llama tu suspiro;

yo, ausente, venzo en penas al infierno;
pues tú tocas y ves la prenda amada;
yo, ardiendo, ni la toco ni la miro.

COMPARA EL CURSO DE SU AMOR CON EL DE UN ARROYO

Torcido, desigual, blando y sonoro,
te resbalas secreto entre las flores,
hurtando la corriente a los calores,
cano en la espuma y rubio con el oro.

En cristales dispensas tu tesoro,
líquido plectro a rústicos amores;
y templando por cuerdas ruiseñores,
te ríes de crecer con lo que lloro.

De vidrio, en las lisonjas, divertido,
gozoso vas al monte; y, despeñado,
espumoso encaneces con gemido.

No de otro modo el corazón cuitado,
a la prisión, al llanto se ha venido
alegre, inadvertido y confiado.

FINGE DENTRO DE SÍ
UN INFIERNO, CUYAS PENAS
PROCURA MITIGAR CON
LA MÚSICA DE SU CANTO,
PERO SIN PROVECHO

*A todas partes que me vuelvo veo
las amenazas de la llama ardiente,
y en cualquier lugar tengo presente
tormento esquivo y burlador deseo.*

*La vida es mi prisión, y no lo creo;
y al son del hierro, que perpetuamente
pesado arrastro, y humedezco ausente,
dentro en mí propio pruebo
    a ser Orfeo.*

*Hay en mi corazón furias y penas;
en él es el Amor fuego y tirano,
y yo padezco en mí la culpa mía.*

¡Oh, dueño sin piedad, que tal ordenas,
pues, del castigo de enemiga mano
no es precio ni rescate la armonía!

MÚSICO LLANTO,
EN LÁGRIMAS SONORAS...

Músico llanto, en lágrimas sonoras,
llora monte doblado en cueva fría,
y destilando líquida armonía,
hace las peñas cítaras canoras.

Ameno y escondido a todas horas,
en mucha sombra alberga poco día;
no admite su silencio compañía:
sólo a ti, solitario, cuando lloras.

Son tu nombre, color y voz doliente
señas, más que de pájaro, de amante;
puede aprender dolor de ti un ausente.

Estudia en tu lamento y tu semblante
gemidos este monte y.esta fuente,
y tienes mi dolor por estudiante.

EXAGERACIONES
DE SU FUEGO,
DE SU LLANTO,
DE SUS SUSPIROS
Y DE SUS PENAS

Si el abismo, en diluvios desatado,
hubiera todo el fuego consumido,
el que enjuga mis venas, mantenido
de mi sangre, le hubiera
    restaurado.

Si el día, por Faetón descaminado,
hubiera todo el mar y aguas bebido,
con el piadoso llanto que he vertido,
las hubieran mis ojos renovado.

Si las legiones todas de los vientos
guardar Ulises en prisión pudiera,
mis suspiros sin fin otros formaran.

Si del infierno todos los tormentos,
con su música Orfeo suspendiera,
otros mis penas nuevos inventaran.

VUELVO AL DULCE LUGAR DONDE, RENDIDA...

Ya que no puedo el alma, los dos ojos
vuelvo al dulce lugar donde, rendida,
dejé mi antigua libertad, vestida
de mis húmedas ropas y despojos.

¡Oh, si sintiera ya los lazos flojos
en que tirano Amor la tiene asida,
o el desengaño tardo de mi vida
a su prisión burlara los cerrojos!

A ti me fuera luego, y de tu techo
las paredes vistiera, por honrarte,
con duro lazo, por mi bien, deshecho.

Mas hállome en prisión tan de su parte,
¡oh, libertad!, que faltas a mi pecho
para poder sin Fili desearte.

NUNCA PURO AMOR
FUE DELINCUENTE...

¡No sino fuera yo quien solamente
tuviera libertad después de veros!
Fuerza, no atrevimiento, fue el quereros,
y presunción penar tan altamente.

Osé menos dichoso que valiente;
supe, si no obligaros, conoceros;
y ni puedo olvidaros ni ofenderos;
que nunca puro amor fue delincuente.

No desdeña gran mar fuente pequeña;
admite el sol en su familia de oro
llama delgada, pobre y temerosa;

ni humilde y baja exhalación desdeña.
Esto alegan las lágrimas que lloro;
esto mi ardiente llama generosa.

A AMINTA, QUE TENIENDO UN CLAVEL EN LA BOCA, POR MORDERLE, SE MORDIÓ LOS LABIOS Y SALIÓ SANGRE

Bastábale al clavel verse vencido
del labio en que se vio
  (cuando, esforzado
con su propia vergüenza, lo encarnado
a tu rubí se vio más parecido),

sin que, en tu boca hermosa, dividido
fuese de blancas perlas granizado,
pues tu enojo, con él equivocado,
el labio por clavel dejó mordido;

si no cuidado de la sangre fuese,
para que, a presumir de tiria grana,
de tu púrpura líquida aprendiese.

Sangre vertió tu boca soberana,
porque, roja victoria, amaneciese
llanto al clavel y risa a la mañana.

A UNA FÉNIX
DE DIAMANTES
QUE AMINTA
TRAÍA AL CUELLO

Aminta, si a tu pecho y a tu cuello
esa fénix preciosa a olvidar viene
la presunción de única que tiene,
en tu rara belleza podrá hacerlo.

Si viene a mejorar, sin merecerlo,
de incendio (que dichosamente
*   estrene),*
hoguera de oro crespo la previene
el piélago de luz en tu cabello.

Si variar de muerte y de elemento
quiere, y morir en nieve,
*   la blancura*
de tus manos la ofrece monumento.

Si quiere más eterna sepultura,
si ya no fuese eterno nacimiento,
con mi envidia la alcance
en tu hermosura.

A AMINTA, QUE SE CUBRIÓ LOS OJOS CON LA MANO

Lo que me quita en fuego, me da en nieve
la mano que tus ojos me recata;
y no es menos rigor con el que mata,
ni menos llamas su blancura mueve.

La vista frescos los incendios bebe,
y, volcán, por las venas los dilata;
con miedo atento a la blancura trata
el pecho amante, que la siente aleve.

Si de tus ojos el ardor tirano
le pasas por tu mano por templarle,
es gran piedad del corazón humano;

mas no de ti, que puede, al ocultarle,
pues es de nieve, derretir tu mano,
si ya tu mano no pretende helarle.

SI QUIEN HA DE PINTAROS HA DE VEROS...

Si quien ha de pintaros ha de veros,
y no es posible sin cegar miraros,
¿quién será poderoso a retrataros,
sin ofender su vista y ofenderos?

En nieve y rosas quise floreceros;
mas fuera honrar las rosas y agraviaros;
dos luceros por ojos quise daros;
mas ¿cuándo lo soñaron los luceros?

Conocí el imposible en el bosquejo;
mas vuestro espejo a vuestra lumbre propia
aseguró el acierto en su reflejo.

Podráos él retratar sin luz impropia,
siendo vos de vos propia, en el espejo,
original, pintor, pincel y copia.

CENIZA EN LA FRENTE
DE AMINTA,
EL MIÉRCOLES DE ELLA

Aminta, para mí cualquiera día
es de ceniza, si merezco verte;
que la luz de tus ojos es de suerte,
que aun encender podrá
    la nieve fría.

Arde, dichosamente, el alma mía;
y aunque amor en ceniza
    me convierte,
es de fénix ceniza, cuya muerte
parto es vital, y nueva fénix cría.

Puesta en mis ojos dice eficazmente
que soy mortal, y vanos mis despojos,
sombra oscura y delgada,
    polvo ciego.

Mas la que miro en tu espaciosa frente
advierte las hazañas de tus ojos:
pues quien los ve es ceniza, y ellos fuego.

A UNA DAMA QUE APAGÓ UNA BUJÍA Y LA VOLVIÓ A ENCENDER EN EL HUMO SOPLÁNDOLA

La lumbre, que murió
  de convencida
con la luz de tus ojos y, apagada
por sí en el humo,
  se mostró enlutada,
exequias de su llama ennegrecida,

bien pudo blasonar su corta vida,
que la venció beldad tan alentada,
que con el firmamento, en estacada,
rubrica en cada rayo una herida.

Tú, que le diste muerte, ya piadosa
de tu rigor, con ademán travieso
le restituyes vida más hermosa.

Resucitóla un soplo tuyo impreso
en humo, que en tu boca es milagrosa
aura, que nace con facción de beso.

IMPUGNA LA NOBLEZA DIVINA
DE QUE PRESUME EL AMOR

Si tu país y patria son los cielos,
¡oh, Amor!, y Venus, diosa de hermosura,
tu madre, y la ambrosía bebes pura
y hacen aire al ardor del sol tus vuelos;

si tu deidad blasona por abuelos
herida deshonesta, y la blancura
de la espuma del mar, y a tu segura
vista, humildes, gimieron Delfo y Delos,

¿por qué bebes mis venas, fiebre ardiente,
y habitas las médulas de mis huesos?
Ser dios y enfermedad, ¿cómo es decente?

Deidad y cárcel de sentidos presos,
la dignidad de tu blasón desmiente,
y tu victoria infaman tus progresos.

A AMINTA, QUE PARA ENSEÑAR EL COLOR DE SU CABELLO ACERCÓ UNA VELA Y SE QUEMÓ UN RIZO QUE ESTABA JUNTO AL CUELLO

Enriquecerse quiso, no vengarse,
la llama que encendió vuestro cabello;
que de no codiciarle, y poder vello,
ni el tesoro del sol podrá librarse.

Codicia fue, que puede mal culparse,
robarle quien no pudo merecello;
milagro fue pasar por vuesto cuello
y en tanta nieve no temer helarse.

O quiso introducir en sol su llama,
y aprender a ser día, a ser aurora,
en las ondosas minas que derrama,

o la hazaña de Heróstrato traidora
repite, y busca por delitos fama,
quemando al sol el templo que él adora.

A UNA DAMA BIZCA
Y HERMOSA

Si a una parte miraran solamente
vuestros ojos, ¿cuál parte no abrasaran?
Y si a diversas partes no miraran,
se helaran el ocaso o el Oriente.

El mirar zambo y zurdo es delincuente;
vuestras luces izquierdas lo declaran,
pues con mira engañosa nos disparan
facinerosa luz, dulce y ardiente.

Lo que no miran ven, y son despojos
suyos cuantos los ven, y su conquista
da al alma tantos premios como enojos.

¿Qué ley, pues, mover pudo al mal jurista
a que, siendo monarcas los dos ojos,
los llamase vizcondes de la vista?

A UNA DAMA TUERTA
Y MUY HERMOSA

Para agotar sus luces la hermosura
en un ojo no más de vuestra cara,
grande ejemplar y de belleza rara
tuvo en el sol, que en una luz se apura.

Imitáis, pues, aquella arquitectura
de la vista del cielo, hermosa y clara;
que muchos ojos, y de luz avara,
sola la noche los ostenta oscura.

Si en un ojo no más, que en vos es día,
tienen cuantos le ven muerte y prisiones,
al otro le faltara monarquía.

Aun faltan a sus rayos corazones,
victorias a su ardiente valentía
y al triunfo de sus luces aun naciones.

A OTRA DAMA
DE IGUAL HERMOSURA
Y DEL TODO CIEGA

Envidia, Antandra, fue del sol
  y el día,
en que también pecaron
  las estrellas,
el quitaros los ojos, porque en ellas
el fuego blasonase monarquía.

A poder vos mirar, la fuente fría
encendiera cristales en centellas;
viera cenizas sus espumas bellas,
tronara fulminando su armonía.

Hoy ciega juntamente y desdeñosa,
sin ver la herida ni atender
  al ruego,
vista cegáis al que miraros osa.

La nieve esquiva oficio hace de fuego;
y en el clavel flagrante y pura rosa
vemos ciego al desdén, y al Amor ciego.

LLANTO, PRESUNCIÓN, CULTO Y TRISTEZA AMOROSA

Esforzaron mis ojos la corriente
de este, si fértil, apacible río;
y cantando frené su curso y brío:
¡tanto puede el dolor en un ausente!

Miréme incendio en esta clara fuente
antes que la prendiese hielo frío,
y vi que no es tan fiero el rostro mío
que manche, ardiendo, el oro de tu frente.

Cubrió nube de incienso tus altares,
coronélos de espigas en manojos,
sequé, crecí con llanto y fuego a Henares.

Hoy me fuerzan mi pena y tus enojos
(tal es por ti mi llanto) a ver dos mares
en un arroyo, viendo mis dos ojos.

A AMARILI,
QUE TENÍA UNOS PEDAZOS DE UN BÚCARO EN LA BOCA Y ESTABA MUY AL CABO DE COMERLOS

Amarili, en tu boca soberana
su tez el barro de carmín colora;
ya de coral mentido se mejora,
ya aprende de tus labios a ser grana.

Apenas el clavel, que a la mañana
guarda en rubí las lágrimas
   que llora,
se atreverá con él, cuando atesora
la sangre en sí de Venus y de Diana.

Para engarzar tu púrpura rompida,
el sol quisiera repartir en lazos
tierra, por portuguesa, enternecida.

Tú de sus labios mereciste abrazos;
presume ya de aurora, el barro olvida;
pues se muere, mi bien, por tus pedazos.

QUEJARSE
EN LAS PENAS DE AMOR
DEBE SER PERMITIDO

Arder sin voz de estrépito doliente
no puede el tronco duro inanimado;
el roble se lamenta y, abrasado,
el pino gime al fuego,
  que no siente.

¿Y ordenas, Floris, que en tu llama
  ardiente
quede en muda ceniza desatado
mi corazón sensible y animado,
víctima de tus aras obediente?

Concédame tu fuego lo que al pino
y al roble les concede voraz llama:
piedad cabe en incendio
  que es divino.

Del volcán que en mis venas
  se derrama,
diga su ardor el llanto que fulmino:
mas no le sepa de mi voz la Fama.

ELIGE MORIR AMANDO, POR NO DAR MUERTE A LA AMANTE O A LA AMADA

La que me quiere y aborrezco quiero
librar, porque acompañe mi ventura;
pues me aborrece en Floris
   la hermosura,
por quien amante y despreciado muero.

Mas ¿cómo? ¿Del amor en que ardo,
   espero
contra mi propia vida tal locura?
La que yo adoro pasará segura:
obligarála ver que la prefiero.

Mas si por no vivir desesperado
soy ingrato, mi propio
   amor desprecio,
y contra mí aconsejo mi cuidado.

Si el uno por los dos ha de ser precio,
más quiero ser amante y ahogado,
que al favor o al desdén ingrato o necio.

Amor no admite
compañía de competidor,
así como el reinar

No admiten, no, Floralba, compañía
Amor y Majestad; siempre triunfante
solo ha de ser el rey, solo el amante:
humos tiene el favor de monarquía.

El padre ardiente de la luz del día
no permite que muestre
   su semblante
estrella presumida y centellante
en cuanto reina en la región vacía.

Amor es rey tan grande,
   que aprisiona
en vasallaje el cielo, el mar,
   la tierra,
y única y sola majestad blasona.

Todo su imperio un corazón le cierra;
la soledad es paz de su corona;
la compañía, sedición y guerra.

A UNA DAMA DE SINGULAR GRACIA Y HERMOSURA, QUE ESTUVO EN FRANCIA Y HABLABA LA LENGUA FRANCESA

Si en Francia, tan preciada de sus Pares,
no halló, Manuela, par vuestra
   hermosura,
la ardiente rosa en vuestra nieve pura
blasones sean de España singulares.

De Orlando las hazañas militares,
si a vuestra luz probaran aventura,
mejor calificaran su locura,
cuando el vencido os dedicara altares.

Vuestra boca, riéndose, es aurora;
es francesa, si habla; y es Oriente
que con todas las Indias enamora.

Por vos la rosa castellana ardiente
en París fue gloriosa vencedora
del lirio de oro, que hoy la envidia
  ausente.

INDIGNACIÓN CONTRA EL AMOR

¿Tú, dios, tirano y ciego Amor? Primero
adoraré por dios la sombra vana.
Hijo de aquella adúltera profana,
dudoso mayorazgo de un herrero;

viejo de tantos siglos embustero,
lampiño más allá de barba cana;
peste sabrosa de la vida humana,
pajarito de plumas de tintero,

¿dejas libre a Floralba, y en sus manos
me prendes, donde ardiendo en nieve,
enjugo mis venas con incendios inhumanos?

Si quieres coger fruto, dios verdugo,
aprende a labrador de los villanos:
que dos novillos uncen en un yugo.

ADMÍRASE DE QUE FLORA,
SIENDO TODA FUEGO Y LUZ,
SEA TODA HIELO

Hermosísimo invierno de mi vida,
sin estivo calor constante hielo,
a cuya nieve da cortés el cielo
púrpura en tiernas flores
    encendida;

esa esfera de luz enriquecida,
que tiene por estrella al dios de Delo,
¿cómo en la elemental guerra
    del suelo
reina de sus contrarios defendida?

Eres Scytia del alma que te adora,
cuando la vista, que te mira,
    inflama;
Etna, que ardientes nieves atesora.

Si lo frágil perdonas a la fama,
eres al vidrio parecida, Flora,
que siendo hielo, es hijo de la llama.

FILOSOFÍA CON LA QUE INTENTA PROBAR QUE A UN MISMO TIEMPO PUEDE UN SUJETO AMAR A DOS

Si de cosas diversas la memoria
se acuerda, y lo presente
  y lo pasado
juntos la alivian y le dan cuidado,
y en ella son confines pena
  y gloria;

y si al entendimiento igual victoria
concede inteligible lo creado,
y a nuestra libre voluntad es dado
numerosa elección, y transitoria,

Amor, que no es potencia solamente,
sino la omnipotencia padecida
de cuanto sobre el suelo vive y siente,

¿por qué con dos incendios una vida
no podrá fulminar su luz ardiente
en dos diversos astros encendida?

VERIFICA LA SENTENCIA
DE ARRIBA
EN DOS AFECTOS SUYOS

Tal vez se ve la nave negra
  y corva
entre aquilón y el euro combatida;
y cuanto más del uno es impelida,
el otro con adverso mar la estorba.

De éste la saña de su frente torva
la embiste; aquél la calma; y,
  suspendida,
teme la gavia vela mal regida,
la quilla Euripo que voraz la sorba.

No de otra suerte entre Rosalba
  y Flora,
en naufragio amoroso distraído,
ardiente el corazón suspira y llora.

En dos afectos peno dividido;
y una hermosura espera vencedora
que dos triunfos alcance de un vencido.

AMOR QUE SIN DETENERSE EN EL AFECTO SENSITIVO PASA AL INTELECTUAL

*Mandóme, ¡ay, Fabio!, que la amase
  Flora,
y que no la quisiese; y mi cuidado,
obediente y confuso y mancillado,
sin desearla, su belleza adora.*

*Lo que el humano afecto siente
  y llora,
goza el entendimiento, amartelado
del espíritu eterno, encarcelado
en el claustro mortal que lo atesora.*

*Amar es conocer virtud ardiente;
querer es voluntad interesada,
grosera y descortés caducamente.*

77

El cuerpo es tierra, y lo será, y fue nada;
de Dios procede a eternidad la mente:
eterno amante soy de eterna amada.

ALMA ES DEL MUNDO AMOR; AMOR ES MENTE...

Alma es del mundo Amor; Amor es mente
que vuelve en alta espléndida jornada
del sol infatigable luz sagrada,
y en varios cercos todo el coro ardiente;

espíritu fecundo y vehemente
con varonil virtud, siempre inflamada,
que en universal máquina mezclada
paterna actividad obra clemente.

Este, pues, burlador de los reparos,
que, atrevidos, se oponen a sus jaras,
artífice inmortal de afectos raros,

igualmente nos honra, si reparas;
pues si hace trono de tus ojos claros,
Flora en mi pecho tiene templo y aras.

MÚSICA CONSONANCIA DEL MOVIMIENTO DE UNOS OJOS HERMOSOS, IMPERCEPTIBLE AL OÍDO, COMO LA MÚSICA DE LOS CIELOS

Las luces sacras, el augusto día
que vuestros ojos abren sobre el suelo,
con el concento que se mueve el cielo,
en mi espíritu explican armonía.

No cabe en los sentidos melodía
imperceptible en el terreno velo;
mas del canoro ardor y alto consuelo
las cláusulas atiende el alma mía.

Primeros móviles son vuestras esferas,
que arrebatan en cerco ardiente
*   de oro*
mis potencias absortas y ligeras.

Puedo perder la vida, no el decoro
a vuestras alabanzas verdaderas,
pues, religioso, alabo lo que adoro.

MAJESTUOSA HERMOSURA
DE SEMBLANTE DISIMULADO

Esa benigna llama y elegante,
que inspira amor, hermosa y elocuente,
la entiende el alma, el corazón la siente,
aquélla docta y éste vigilante.

Los misterios del ceño y del semblante
y la voz del silencio que, prudente,
pronuncia majestad honestamente,
bien los descifra mi respeto amante.

Si supe conoceros y estimaros,
y al cielo merecí dicha de veros,
no os ofenda, señora, ya el miraros.

Yo ni os puedo olvidar ni mereceros;
pero si he de ofenderos con amaros,
no os pretendo obligar con no ofenderos.

A UN CABALLERO QUE SE QUEJABA DEL DILATARSE LA POSESIÓN DE SU AMOR

Quien no teme alcanzar
    lo que desea
da prisa a su tristeza y a su hartura:
la pretensión ilustra la hermosura,
cuanto la ingrata posesión la afea.

Por halagüeña dilación rodea
el que se dificulta su ventura,
pues es grosero el gozo y mal segura
la que en la posesión gloria
    se emplea.

Muéstrate siempre, Fabio,
    agradecido
a la buena intención de los desdenes,
y nunca te verás arrepentido.

Peor pierde los gustos y los bienes
el desprecio que sigue a lo adquirido,
que el imposible en adquirir, que tienes.

CELEBRA A UNA DAMA POETA, LLAMADA ANTONIA

Antes alegre andaba; ahora apenas
alcanzo alivio, ardiendo aprisionado;
armas a Antandra aumento acobardado;
aire abrazo, agua aprieto, aplico arenas.

Al áspid adormido, a las amenas
ascuas acerco atrevimiento alado;
alabanzas acuerdo al aclamado
aspecto, a quien admira antigua Atenas.

Ahora, amenazándome atrevido,
Amor aprieta aprisa arcos, aljaba;
aguardo al arrogante agradecido.

Apunta airado; al fin, amando, acaba
aqueste amante al árbol alto asido,
adonde alegre, ardiendo, antes amaba.

AMANTE AGRADECIDO
A LAS LISONJAS
MENTIROSAS DE UN SUEÑO

¡Ay, Floralba! Soñé que te… ¿Dirélo?
Sí, pues que sueño fue: que te gozaba.
¿Y quién, sino un amante
  que soñaba,
juntara tanto infierno a tanto cielo?

Mis llamas con tu nieve y con tu hielo,
cual suele opuestas flechas
  de su aljaba,
mezclaba Amor, y honesto las mezclaba,
con mi adoración en su desvelo.

Y dije: «Quiera, Amor, quiera mi suerte,
que nunca duerma yo, si estoy
  despierto,
y que si duermo, que jamás despierte».

Mas desperté del dulce desconcierto;
y vi que estuve vivo con la muerte,
y vi que con la vida estaba muerto.

VENGANZA DE LA EDAD
EN HERMOSURA PRESUMIDA

Cuando tuvo, Floralba, tu hermosura,
cuantos ojos te vieron, en cadena,
con presunción, de honestidad ajena,
los despreció, soberbia, tu locura.

Persuadióte el espejo conjetura
de eternidades en la edad serena,
y que a su plata el oro en tu melena
nunca del tiempo trocaría la usura.

Ves que la que antes eras, sepultada
yace en la que vives; y, quejosa,
tarde te acusa vanidad burlada.

Mueres doncella, y no de virtuosa,
sino de presumida y despreciada:
esto eres vieja, esotro fuiste hermosa.

A FLORI, QUE TENÍA
UNOS CLAVELES
ENTRE EL CABELLO RUBIO

Al oro de tu frente unos claveles
veo matizar, cruentos, con heridas;
ellos mueren de amor, y a nuestras
    vidas
sus amenazas les avisan fieles.

Rúbricas son piadosas y crueles,
joyas facinerosas y advertidas,
pues publicando muertes
    florecidas,
ensangrentan al sol rizos doseles.

Mas con tus labios quedan
    vergonzosos
(que no compiten flores a rubíes)
y pálidos después, de temerosos.

Y cuando con relámpagos te ríes,
de púrpura, cobardes, si ambiciosos,
marchitan sus blasones carmesíes.

INÚTIL Y DÉBIL VICTORIA DEL AMOR EN EL QUE YA ES VENCIDO AMANTE

¡Mucho del valeroso y esforzado,
y viéneslo a mostrar en un rendido!
Bástame, Amor, haberte agradecido
penas, de que me puedo haber quejado.

¿Qué sangre de mis venas
    no te he dado?
¿Qué flecha de tu aljaba
    no he sentido?
Mira que la paciencia del sufrido
suele vencer las armas del airado.

Con otro de tu igual quisiera verte;
que yo me siento arder de tal manera,
que mayor fuera el mal de hacerme
    fuerte.

¿De qué sirve encender al que
  es hoguera,
si no es que quieres dar muerte
  a la Muerte,
introduciendo en mí que
  el muerto muera?

MUESTRA LO QUE ES
UNA MUJER DESPRECIADA

Disparado esmeril, toro herido;
fuego que libremente se ha soltado,
osa que los hijuelos le han robado,
rayo de pardas nubes escupido;

serpiente o áspid con el pie oprimido,
león que las prisiones ha quebrado,
caballo volador desenfrenado,
águila que le tocan a su nido;

espada que la rige loca mano,
pedernal sacudido del acero,
pólvora a quien llegó encendida mecha;

villano rico con poder tirano,
víbora, cocodrilo, caimán fiero
es la mujer si el hombre la desecha.

A AMINTA, QUE IMITE AL SOL EN DEJARLE CONSUELO CUANDO SE AUSENTA

Pues eres sol, aprende a ser ausente
del sol, que aprende en ti luz
   y alegría;
¿no vista ayer agonizar el día
y apagar en el mar el oro ardiente?

Luego se ennegreció, mustio
   y doliente,
el aire adormecido en sombra fría;
luego la noche, en cuanta luz ardía,
tantos consuelos encendió al Oriente.

Naces, Aminta, a Silvio del ocaso
en que me dejas sepultado
   y ciego;
sígote oscuro con dudoso paso.

Concédele a mi noche y a mi ruego,
del fuego de tu sol, en que me abraso,
estrellas, desperdicios de tu fuego.

CULPA A FLOR DE INJUSTA EN EL PREMIO DE SU FAVOR CON EL EJEMPLO DE UNA VACA PRETENDIDA EN EL SOTO

¿Ves gemir sus afrentas al vencido
toro, y que tiene, ausente y afrentado,
menos pacido el soto que escarbado,
y de sus celos todo el monte herido?

¿Vesle ensayar venganzas
   con bramido,
y en el viento gastar ímpetu armado?
¿Ves que sabe sentir ser desdeñado,
y que su vaca tenga otro marido?

Pues considera, Flor, la pena mía,
cuando por Coridón, pastor ausente,
desprecias en mi amor mi compañía.

Ofrecióse la vaca al más valiente,
y con razón premió la valentía:
tú me desprecias, Flor, injustamente.

CON EL EJEMPLO
DEL FUEGO ENSEÑA
A ALEXI, PASTOR,
CÓMO SE HA DE RESISTIR
AL AMOR EN SU PRINCIPIO

¿No ves, piramidal y sin sosiego,
en esta vela arder inquieta llama,
y cuán pequeño soplo la derrama
en cadáver de luz, en humo ciego?

¿No ves, sonoro y animoso, el fuego
arder voraz en una y otra rama,
a quien, ya poderoso,
*   el soplo inflama*
que a la centella dio la muerte luego?

Así pequeño amor recién nacido
muere, Alexi, con poca resistencia,
y le apaga una ausencia y un olvido;

mas si crece en las venas su dolencia,
vence con lo que pudo ser vencido
y vuelve en alimento la violencia.

A UNA FUENTE,
DONDE SOLÍA LLORAR
LOS DESDENES DE FILI

Esta fuente me habla, mas no entiendo
su lenguaje, ni sé lo que razona;
sé que habla de amor,
   y que blasona
de verme a su pesar por Flori
   ardiendo.

Mi llanto, con que crece,
   bien le entiendo,
pues mi dolor y mi pasión pregona;
mis lágrimas el prado las corona;
vase con ellas el cristal riendo.

Poco mi corazón debe a mis ojos,
pues dan agua al agua y se la niegan
al fuego que consume mis depojos.

Si no lo ven, porque, llorando, ciegan,
oigan lo que no ven a mis enojos:
déjanme arder, y el agua misma
   anegan.

SI EN EL LOCO JAMÁS HUBO ESPERANZA...

Si en el loco jamás hubo esperanza,
ni desesperación hubo en el cuerdo,
¿de qué accidentes hoy la vida pierdo?
¿Qué sentimiento mi razón alcanza?

¿Quién hace en mi memoria tal mudanza,
que de aquello que busco no me acuerdo?
Velo soñando, y sin dormir, recuerdo:
el mal pesa y el bien igual balanza.

Escucho sordo y reconozco ciego;
descanso trabajando y hablo mudo;
humilde aguardo y con soberbia pido.

Si no es amor mi gran desasosiego,
de conocer lo que me acaba dudo:
que no hay de sí quien viva más rendido.

QUÉJASE DE LO ESQUIVO
DE SU DAMA

El amor conyugal de su marido
su presencia en el pecho le revela;
teje de día en la curiosa tela
lo mismo que de noche ha destejido.

Danle combates interés y olvido,
y de fe y esperanza se abroquela,
hasta que, dando el viento en popa y vela,
le restituye el mar a su marido.

Ulises llega, goza a su querida,
que por gozarla un día, dio veinte años
a la misma esperanza de un difunto.

Mas yo sé de una fiera embravecida,
que veinte mil tejiera por mis daños,
y al fin mis daños son no verme un punto.

AGUARDA, RIGUROSO
PENSAMIENTO...

Aguarda, riguroso pensamiento,
no pierdas el respeto a cuyo eres.
Imagen, sol o sombra, ¿qué me quieres?
Déjame sosegar en mi aposento.

Divina Tirsis, abrasarme siento:
sé blanda como hermosa entre mujeres;
mira que ausente, como estás, me hieres;
afloja ya las cuerdas al tormento.

Hablándote a mis solas me anochece:
contigo anda cansada el alma mía;
contigo razonando me amanece.

Tú la noche me ocupas y tú el día:
sin ti todo me aflige y entristece,
y en ti mi mismo mal me da alegría.

A FUGITIVAS SOMBRAS
DOY ABRAZOS...

A fugitivas sombras doy abrazos;
en los sueños se cansa el alma mía;
paso luchando a solas noche y día
con un trasgo que traigo entre mis brazos.

Cuando le quiero más ceñir con lazos,
y viendo mi sudor, se me desvía;
vuelvo con nueva fuerza a mi porfía,
y temas con amor me hacen pedazos.

Voyme a vengar en una imagen vana
que no se aparta de los ojos mios;
búrlame, y de burlarme corre ufana.

Empiézola a seguir, fáltanme bríos;
y como de alcanzarla tengo gana,
hago correr tras ella el llanto en ríos.

MÁS SOLITARIO PÁJARO, ¿EN CUÁL TECHO...

Más solitario pájaro, ¿en cuál techo
se vio jamás, ni fiera en monte o prado?
Desierto estoy de mí, que me ha dejado
mi alma propia en lágrimas deshecho.

Lloraré siempre mi mayor provecho;
penas serán y hiel cualquier bocado;
la noche afán, y la quietud cuidado,
y duro campo de batalla el lecho.

El sueño, que es imagen de la muerte,
en mí a la muerte vence en aspereza,
pues que me estorba el sumo bien de verte.

Que es tanto tu donaire y tu belleza,
que, pues Naturaleza pudo hacerte,
milagro puede hacer Naturaleza.

DEJAD QUE A VOCES DIGA
EL BIEN QUE PIERDO...

Dejad que a voces diga el bien que pierdo,
si con mi llanto a lástima os provoco;
y permitidme hacer cosas de loco:
que parezco muy mal amante y cuerdo.

La red que rompo y la prisión que muerdo
y el tirano rigor que adoro y toco,
para mostrar mi pena son muy poco,
si por mi mal de lo que fui me acuerdo.

Oiganme todos: consentid siquiera
que, harto de esperar y de quejarme,
pues sin premio viví, sin juicio muera.

De gritar solamente quiero hartarme.
Sepa de mí, a lo menos, esta fiera
que he podido morir, y no mudarme.

POR LA CUMBRE
DE UN MONTE LEVANTADO…

Por la cumbre de un monte levantado,
mis temerosos pasos, triste, guío;
por norte llevo sólo mi albedrío,
y por mantenimiento, mi cuidado.

Llega la noche, y hállome engañado,
y sólo en la esperanza me confío;
llego al corriente mar de un hondo río:
ni hallo barca ni puente, ni hallo vado.

Por la ribera arriba el paso arrojo;
dame contento el agua con su ruido;
mas en verme perdido me congojo.

Hallo pisadas de otro que ha subido;
párome a verlas; pienso con enojo
si son de otro, como yo, perdido.

A UN RETRATO
DE UNA DAMA

Tan vivo está el retrato y la belleza
que Amor tiene en el mundo por escudo,
que, con mirarle tan de cerca, dudo
cuál de los dos formó Naturaleza.

Teniéndole por Filis, con presteza,
mi alma se apartó del cuerpo rudo,
y viendo que era su retrato mudo,
en mí volví, corrido con tristeza.

En el llevar tras sí mi fe y deseo
es Filis viva, pues su ser incluye,
con cuyo disfavor siempre peleo.

Mas su rigor aquesto lo destruye,
y que no es Filis al momento creo,
pues que de mí, mirándome, no huye.

EMBARAZADA EL ALMA
Y EL SENTIDO...

Embarazada el alma y el sentido
con un sueño burlón, aunque dichoso,
aumentando reposo a mi reposo
me hallé toda una noche entretenido.

Tu rostro vi en mis llamas encendido,
que dora lo cruel con lo hermoso,
enlazando tu cuello presuroso
con nudo de los brazos bien tejido.

Túvele por verdad el bien pequeño;
llegué luego a soñar que te gozaba,
hecho de tanta gentileza dueño.

Y en esto conocí que me engañaba,
y que todo mi bien fue breve sueño,
pues yo, tan sin ventura, le alcanzaba.

SOÑÉ QUE EL BRAZO
DE RIGOR ARMADO...

Soñé que el brazo de rigor armado,
Filis, alzabas contra el alma mía,
diciendo: «Éste será el postrero día
que ponga fin a tu vivir cansado».

Y que luego, con golpe acelerado,
me dabas muerte en sombra de alegría,
y yo, triste, al infierno me partía,
viéndome ya del cielo desterrado.

Partí sin ver el rostro amado y bello;
mas despertóme deste sueño un llanto,
ronca la voz, y crespo mi cabello.

Y lo que más en esto me dio espanto
es ver que fuese sueño algo de aquello
que me pudiera dar tormento tanto.

OSAR, TEMER, AMAR Y ABORRECERSE...

Osar, temer, amar y aborrecerse,
alegre con la gloria atormentarse;
de olvidar los trabajos olvidarse;
entre llamas arder, sin encenderse;

con soledad entre las gentes verse,
y de la soledad acompañarse;
morir continuamente; no acabarse;
perderse, por hallar con qué perderse;

ser Fúcar de esperanzas sin ventura,
gastar todo el caudal en sufrimientos,
con cera conquistar la piedra dura,

son efectos de Amor en mis lamentos;
nadie le llame dios, que es gran locura:
que más son de verdugo sus tormentos.

¿QUÉ IMAGEN
DE LA MUERTE RIGUROSA...

¿Qué imagen de la muerte rigurosa,
qué sombra del infierno me maltrata?
¿Qué tirano cruel me sigue y mata
con vengativa mano licenciosa?

¿Qué fantasma, en la noche temerosa,
el corazón del sueño me desata?
¿Quién te venga de mí, divina ingrata,
más por mi mal que por tu bien hermosa?

¿Quién, cuando, con dudoso pie e incierto,
piso la soledad de aquesta arena,
me puebla de cuidados el desierto?

¿Quién el antiguo son de mi cadena
a mis orejas vuelve, si es tan cierto,
que aun no te acuerdas tú de darme pena?

DEL SOL HUYENDO,
EL MISMO SOL BUSCABA...

Del sol huyendo, el mismo sol buscaba,
y al fuego ardiente cuando el fuego ardía;
alegre iba siguiendo mi alegría,
y, fatigado, mi descanso hallaba.

Fue tras su libertad mi vida esclava,
y corrió tras su vida el alma mía;
buscaron mis tinieblas a su día,
que dando luz al mismo sol andaba.

Fui salamandra en sustentarme ciego
en las llamas del sol con mi cuidado,
y de mi amor en el ardiente fuego;

pero en camaleón fui transformado
por la que tiraniza mi sosiego,
pues fui con aire de ella sustentado.

ARTIFICIOSA FLOR, RICA Y HERMOSA...

Artificiosa flor, rica y hermosa,
que adornas a la misma primavera,
no temas que el color que tienes muera,
estando en una parte tan dichosa.

Siempre verde serás, siempre olorosa,
aunque despoje el cielo la ribera;
triunfarás del invierno y de la esfera,
envidiada de mí por venturosa.

Cuando caíste de su frente bella,
no te tuve por flor; que, como es cielo,
no esperaba yo de él sino una estrella;

más pues cuando se cae la flor al suelo
muestra que el fruto viene ya tras ella,
ver que te vi caer me da consuelo.

TRAS ARDER SIEMPRE, NUNCA CONSUMIRME...

Tras arder siempre, nunca consumirme;
y tras siempre llorar, nunca acabarme;
tras tanto caminar, nunca cansarme;
y tras siempre vivir, jamás morirme;

después de tanto mal, no arrepentirme;
tras tanto engaño, no desengañarme;
después de tantas penas, no alegrarme;
y tras tanto dolor, nunca reírme;

en tantos laberintos, no perderme,
ni haber, tras tanto olvido, recordado,
¿qué fin alegre puede prometerme?

Antes muerto estaré que escarmentado:
ya no pienso tratar de defenderme,
sino de ser de veras desdichado.

LLORO MIENTRAS EL SOL ALUMBRA, Y CUANDO...

Lloro mientras el sol alumbra, y cuando
descansan en silencio los mortales
torno a llorar; renuévanse mis males,
y así paso mi tiempo sollozando.

En triste humor los ojos voy gastando,
y el corazón en penas desiguales;
sólo a mí, entre los otros animales,
no me concede paz de Amor el bando.

Desde el un sol al otro, ¡ay, fe perdida!,
y de una sombra a otra, siempre lloro
en esta muerte que llamamos vida.

Perdí mi libertad y mi tesoro;
perdióse mi esperanza de atrevida.
¡Triste de mí, que a mi verdugo adoro!

DE TANTAS BIEN NACIDAS ESPERANZAS...

De tantas bien nacidas esperanzas
del doméstico amor y dulce vida,
burlas, ingrata Silvia fementida,
con desdenes, con celos, con tardanzas.

No arroje más tu brazo airadas lanzas
del pecho a la pirámide escondida;
que ya no dan lugar a nueva herida
las que en ella te rinden alabanzas.

Confieso que di incienso en tus altares
con sacrílega mano al fuego ardiente
del no prudente dios preso con grillo.

Si me castigas dándome esos males,
no me mates, que un muerto no lo siente:
dame vida, y así podré sentillo.

SOLO SIN VOS,
Y MI DOLOR PRESENTE...

Solo sin vos, y mi dolor presente,
mi pecho rompo con mortal suspiro;
sólo vivo aquel tiempo cuando
   os miro,
mas poco mi destino lo consiente.

Mi mal es propio, el bien es accidente;
pues, cuando verme en vos presente
   aspiro,
no falta causa al mal por que suspiro,
aunque con vos estoy, estando ausente.

Aquí os hablo, aquí os tengo
   y aquí os veo,
gozando de este bien en mi memoria,
mientras que el bien que espero
   Amor dilata.

¡Mirad cómo me trata mi deseo:
que he venido a tener sólo por gloria
vivir contento en lo que más me mata!

AUNQUE CUALQUIER LUGAR DONDE ESTUVIERAS...

Aunque cualquier lugar donde estuvieras,
templo, pues yo te adoro, lo tornaras
ídolo hermoso, en cuyas nobles aras
no fuera justo que otra ofrenda vieras.

Templo fue del señor de las esferas
donde sentí las dos primeras jaras
que afiló Amor en esas luces raras,
bastantes a que más valor vencieras.

Volví la adoración idolatría,
troqué por alta mar seguro puerto;
vi en la iglesia mi muerte en tu hermosura:

que entonces a los dos nos convenía:
por retraída a ti, que me habías muerto,
y, como muerto, a mí, por sepultura.

PIEDRA SOY EN SUFRIR
PENA Y CUIDADO...

Piedra soy en sufrir pena y cuidado
y cera en el querer enternecido,
sabio en amar dolor tan bien nacido,
necio en ser en mi daño porfiado,

medroso en no vencerme acobardado,
y valiente en no ser de mí vencido,
hombre en sentir mi mal, aun sin sentido,
bestia en no despertar desengañado.

En sustentarme entre los fuegos rojos,
en tus desdenes ásperos y fríos,
soy salamandra, y cumplo tus antojos;

y las niñas de aquestos ojos míos
se han vuelto, con la ausencia de tus ojos,
ninfas que habitan dentro de dos ríos.

ADVIERTE LA BREVEDAD
DE LA HERMOSURA CON
EXHORTACIÓN DELICIOSA

¿Aguardas por ventura,
discreta y generosa Casilina,
a que la edad madura,
y el tiempo codicioso, que camina,
roben, groseros siempre en sus
*   agravios,*
oro a tus trenzas, perlas a tus labios?

¿Aguardas que los días
le pierdan el respeto a tu belleza?
¿En qué deidad confías,
viendo la ociosidad y la pereza
que los años han puesto
*   en tu cabello,*
que antes volaba libre
*   por el cuello?*

En tu rostro divino
ya se ven las pisadas y señales
que del largo camino
dejan los pies del Tiempo desiguales;
y ya tu flor hermosa y tu verano
padece injurias del invierno cano.

Un roble se hace viejo,
y una montaña. Goza tu hermosura,
antes que en el espejo,
con unos mismos ojos, tu figura,
Casilina, la mires y la llores,
debiéndoles el fruto a tantas flores.

Goza la luz del día,
que no hay rienda que pare al Tiempo leve;
y es tal su tiranía,
que ningún ruego ni oración le mueve.
Atropella tesoros y belleza;
ni vuelve trás, ni aguarda, ni tropieza.

Y vendrá la triste hora
en que, mustio el semblante idolatrado,
que envidiaba la aurora,
dirás: «¿Por qué en mi tiempo celebrado
no tuve este deseo agradecido,
o ya no tengo el rostro que he tenido?».

Entonces, pues, tu mano,
facción no hallando digna de respeto
en tu semblante cano,
ni de la rosa aquel color perfecto,
se atreverá a tu frente ya arrugada,
y contra tus despojos será osada.

¿Por cuánto no querrías
llegar ociosa a iguales desengaños,
a tan amargos días,
a fin tan triste de tan dulces años,
donde aun la flor del ánimo se pierde,
a tal invierno de una edad tan verde?

Pero cuando, obstinada,
llegues a los umbrales de la muerte,
si con la voz turbada
me llamaras, iré gozoso a verte;
y Fabio gozará en tu paraíso,
ya que no lo que quiere, lo que quiso.

La beldad huye muda;
goza de tu florida edad lozana;
que ni Venus desnuda,
ni ceñida dos veces tu Diana,
valdrán para agradarme y agradarte,
sin que una martirice y otra harte.

Coronemos con flores
el cuello, antes que llegue el negro día.
Mezclemos los amores
con la ambrosía mortal que la vid cría.
Y de los labios el aliento flaco
nos acuerde de Venus y de Baco.

VARIOS AFECTOS
DE AMANTE

Los que con las palabras solamente
freno ponéis de Júpiter al rayo;
los que podéis vestir de luto a mayo
y anochecer al sol en el Oriente;

los que apeáis la luna de su coche
para que espuma escupa
*   en vuestras yerbas;*
los que con voces alcanzáis las ciervas;
los que hurtáis las estrellas a la noche;

los que quitáis a Marte
*   de la mano*
la dura espada sin temer su filo;
los que alargar podéis
*   el mortal hilo*
y desnudar de rosas al verano:

si vuestras artes procuráis que crea,
y que podéis hacer lo que he contado,
haced que amando a Tirse viva amado,
y que tratable de mi amor la vea.

Cuando de que me vi libre me acuerdo,
cuya memoria en daño me redunda,
por romperla, sacudo la coyunda,
y la maroma, por soltarme, muerdo.

Fábula soy del vulgo y de la gente,
que de Amor con mi ejemplo
  se rescata,
cuando con igual fuerza me maltrata
el bien pasado y el dolor presente.

Antes que te rindiera mis despojos
y antes que te mirara, gloria mía,
yo confieso de mí que no entendía
el secreto lenguaje de los ojos.

Pasaba el tiempo en ejercicios rudos,
el oro despreciando y los zafiros;
nunca les hallé lengua a los suspiros,
porque pensé hasta ahora
  que eran mudos.

Y antes que viera del Amor las lides,
nunca pude creer que se tornaba,
en cada mujer débil que lloraba,
cada pequeña lágrima un Alcides.

Jamás imaginé llegar a estado
que temiendo le fuese concedido
remedio a mi dolor, tan bien nacido,
no le osase pedir desesperado.

Mas después que te vi, señora mía,
supe, siendo mortal, sujeto a muerte,
hacer contra mí propio un dios tan fuerte,
que pone al cielo ley su valentía.

Supe de Amor, en el tormento y potro,
después de darte victoriosas palmas,
hallar en la afición para las almas
el pasadizo que hay de un cuerpo a otro.

Nueva filosofía de amor contraria a la que se lee en las escuelas

Quien nueva ciencia y arte
quiere saber, aprenderá la mía:
nueva filosofía
que no puede aprenderse en
    otra parte.
En mi pecho, el Amor,
    que me lastima,
lee de dolor la cátedra
    de prima.

El dios de la mentira
la verdad de Aristóteles difama;
arguye cuanto mira,
y a todos los concluye con su llama:
pues de su silogismo o argumento
ni Salomón libró su entendimiento.

Su ciencia es tan aguda,
que de flecha le sirve razonada;
ninguna cosa duda;
inquieta la verdad más asentada.
Y al divino Platón tuvo tan ciego,
que le hizo beber por agua el fuego.

No mata, yo lo siento,
al fuego el agua, Inarda dura y bella;
pues sola una centella
del fuego que en mis venas alimento
no he muerto en tantos años,
    ni apagado
con el diluvio inmenso que he llorado.

Al sol resplandeciente
no se derrite el cristalino hielo,
ni deshace del cielo
la nieve blanca y pura
    el fuego ardiente;

pues que siéndolo tú no te han deshecho,
sol de tus ojos, fuego de mi pecho.

En dos lugares puede,
sin dividirse, Inarda, ni apartarse,
un cuerpo solo hallarse:
experiencia que a mí se me concede,
pues vivo en mi desdicha de ti ausente,
¡oh, gran mal!, y en tus ojos juntamente.

No es verdad que, partida
del cuerpo el alma, nuestra vida muera,
pues de mí, mi alma fuera,
en quien me da la muerte, cobro vida;
mostrando Amor,
   con argumento altivo,
que sin el alma con mi muerte vivo.

Engaño es que apartada
la causa, del efecto no hay sospecha;

pues que no me aprovecha
que esté ausente mi pena y retirada,
si de cerca o de lejos, en mi ingrata,
la misma causa me persigue
   y mata.

No entre los animales
solos sus semejantes todos aman;
no la muerte desaman
por su naturaleza los mortales.
Yo soy humano, y amo, por mi suerte,
una fiera cruel que me da muerte.

Juntarse dos contrarios
pueden, pues en mi propio
   pensamiento
el placer y el tormento
se juntan a acabarme temerarios.
Y en tanto que mi bien y gloria miro,
lágrimas canto y música suspiro.

Bien puede, en mi cadena,
el ser con el no ser a un mismo punto
estar, por mi mal, junto,
pues muero al gusto, estoy vivo a la pena;
y así es verdad, Inarda, cuando escribo,
que yo soy y no soy, y muero y vivo.

Es doctrina engañosa
decir algún mortal, de aquí adelante,
que, de sí semejante,
sus efectos produce cualquier cosa;
pues Inarda, en mi dulce desconsuelo,
fuego produjo, siendo toda hielo.

No ya en naturaleza
el uso vuelve a la costumbre amada,
ni ya la pena usada
pierde de su rigor y su aspereza;
pues cuanto más me dura mi tormento,
más su dureza, más su pena siento.

No es ya verdad que el todo
es mayor que la parte que en sí sella;
pues, por extraño modo,
yo estoy todo en Inarda, y toda ella
está mi corazón, dándome guerra:
y cierro, amante, a quien en sí me cierra.

Canción de penas mías,
huye del hombre bruto, que no ama;
pero si Inarda llama
tus argumentos hoy sofisterías,
dile que la arte que publicas nueva
no se puede entender si no se prueba.

SENCILLA SIGNIFICACIÓN
DE AFECTO AMOROSO,
PROPORCIONADA
AL SUJETO AMADO

Oye, tirano hermoso,
un hombre agradecido a su tormento,
con su mal tan contento,
que no está de otros bienes codicioso,
aunque ve malograr sus pretensiones.
Escucha las razones
que a tus paredes dice, por moverte,
y adora las que tiene de quererte.

Que no te siga ordenas,
cuando consiste en verte yo mi vida;
y que seré homicida
de mí, si te obedezco en tantas penas.
Mas si el ver que te sigo te da enojos,
mándales a tus ojos

que no me lleven tras sus rayos bellos,
ya si los miro, o ya me miren ellos.

Mándasme que te olvide:
¿quién lo podrá acabar con mi memoria
cuando toda su gloria
en sólo contemplar tu beldad mide?
Fuérzome, ídolo mío,
y a olvidarte porfío;
pero como nací para adorarte,
cuando me olvido es sólo de olvidarte.

Tus desdenes adoro,
que al fin son tuyos, aunque son desdenes;
y ese rigor que tienes,
le busco y tengo yo por mi tesoro.
Estimo en ti lo que de ti merezco;
mientras sufro y padezco,
aguardando que tengas en tal calma,
ya que no voluntad, lástima al alma.

Si te obedezco, muero,
pues que tu vista pierde mi recato;
y si no, yo me mato,
enojando la cosa que más quiero.
Fatígome y procuro obedecerte;
y viendo que es mi muerte,
firme en mi amor y en mi tormento firme,
vengo a matarme yo, por no morirme.

LLAMA A AMINTA AL CAMPO
EN AMOROSO DESAFÍO

Pues quita al año primavera el ceño
y el verano risueño
restituye a la tierra sus colores
y en donde vimos nieve vemos flores,
y las plantas vestidas
gozan las verdes vidas,
dando, a la voz del pájaro pintado,
las ramas sombras y silencio
   el prado,
ven, Aminta, que quiero
que, viéndote primero,
agradezca sus flores este llano
más a tu blanco pie que no al verano.

Ven; veráste al espejo de esta fuente,
pues, suelta la corriente
del cautiverio líquido del frío,

perdiendo el nombre, aumenta el suyo
  al río.
Las aguas que han pasado
oirás por este prado
llorar no haberte visto, con tristeza;
mas en las que mirares tu belleza,
verás alegre risa,
y cómo las dan prisa,
murmurando su suerte a las primeras,
por poderte gozar las venideras.

Si te detiene el sol ardiente y puro,
ven, que yo te aseguro
que, si te ofende, le has de vencer
  luego,
pues se vale él de luz y tú de fuego;
mas si gustas de sombra,
en esta verde alfombra
una vid tiene un olmo muy espeso
(no sé si diga que abrazado o preso)

y a sombra de sus ramas
le darán nuestras llamas,
ya los digan abrazos o prisiones,
envidia al olmo y a la vid pasiones.

Ven, que te aguardan ya los ruiseñores,
y los tonos mejores,
porque los oigas tú, dulce tirana,
los dejan de cantar a la mañana.
Tendremos envidiosas
las tórtolas mimosas,
pues, viéndonos de gloria y gusto ricos,
imitarán los labios con los picos:
aprenderemos de ellas
soledad y querellas,
y, en pago, aprenderán de nuestros lazos
su voz requiebros y su pluma abrazos.

¡Ay, si llegases ya, qué tiernamente,
al ruido de esta fuente,

gastáramos las horas y los vientos,
en suspiros y músicos acentos!
Tu aliento bebería
en ardiente porfía
que igualase las flores de este suelo
y las estrellas con que alumbra
    el cielo,
y sellaría en tus ojos,
soberbios con despojos,
y en tus mejillas sin igual, tan bellas,
sin prado, flores, y sin cielo,
    estrellas.

Halláranos aquí la blanca Aurora
riendo, cuando llora;
las noche, alegres, cuando en cielo
    y tierra
tantos ojos nos abre como cierra.
Fuéramos a cada instante
nueva amada y amante:

y así tendría en firmeza tan crecida
la muerte estorbo y suspensión la vida;
y vieran nuestras bocas,
en ramos de estas rocas,
ya las aves consortes, ya las viudas,
más elocuentes ser cuando más mudas.

MOSTRANDO
SU PASIÓN AMOROSA

En estos versos de mi amor dictados,
tan bien nacidos, cuanto mal
    premiados,
es, señora, mi intento
mostrar más voluntad
    que entendimiento,
pues mi pasión ordena
que no iguale mi ingenio
    con mi pena.
Fue gran ventura veros;
después de vista, amaros;
y es ya tan imposible el olvidaros,
como poder llegar a mereceros;
y así, reconocido,
piedad, no premio, pido,
ni laurel, pues por vos le despreciara,
si en la primera Dafne se tornara.

Sed atenta a los versos lastimeros
del que desde que os vio lo está
   a quereros;
y obligaréis a tanto un tierno amante,
que os deba todo el tiempo
   que no os cante.

DULCE SEÑORA MÍA...

Dulce señora mía,
norte de mi afligido pensamiento,
luz de mi fantasía,
principio, medio y fin
  de mi tormento,
pues es tuya mi vida,
no seas con desdenes su homicida.

Sol que a mis ciegos ojos
das la luz que Cupido me ha quitado,
llevando por despojos
un vivo corazón enamorado,
pues me tienes rendido,
no me des por amor eterno olvido.

Helada roca fuerte,
que en el mar amoroso de mis años,
para darme la muerte,

te puso el ciego autor de mis engaños,
mata mi confianza,
o cúmpleme del todo la esperanza.

Si tú, que eres mi diosa,
a quien ofrezco el alma
   en sacrificio,
te muestras desdeñosa,
dándome tal rigor por beneficio,
¿quién sentirá mi pena,
si quien es causa de ella
   me condena?

El eco está cansado
de responder al mal que no merezco;
con quejas, desmayado,
a las peñas más duras enternezco.
De ti sola me espanto,
cómo no te enterneces
   con mi llanto.

¡Qué mayores enojos
me pudo dar Amor, ¡oh, desventura!,
que buscar entre abrojos
el descanso, y la vida en sepultura,
donde con triste llanto
imito al cisne, pues muriendo canto!

A UN BOSTEZO DE FLORIS

Bostezó Floris, y su mano hermosa,
cortésmente tirana y religiosa,
tres cruces de sus dedos celestiales
engastó en perlas y cerró en corales,
crucificando en labios carmesíes,
o en puertas de rubíes,
sus dedos de jazmín y casta rosa.

Yo, que alumbradas de sus vivas luces
sobre claveles rojos vi tres cruces,
hurtar quise el engaste de una de ellas,
por ver si mi delito o mi fortuna,
por mal o buen ladrón, me diera una;
y fuera buen ladrón, robando estrellas.

Mas no pudiendo hurtarlas,
y mereciendo apenas adorarlas,
divino humilladero

de toda libertad, dije: «Yo muero,
si no en cruces, por ellas; donde veo
morir virgen y mártir mi deseo».

AMANTE SIN REPOSO

Está la ave en el aire con sosiego,
en el agua el pez, la salamandra en fuego,
y el hombre, en cuyo ser todo se encierra,
está en sola la tierra.
Yo sólo, que nací para tormentos,
estoy en todos estos elementos:
la boca tengo en aire suspirando,
el cuerpo en tierra está peregrinando,
los ojos tengo en agua noche y día,
y en fuego el corazón y el alma mía.

CONTRAPOSICIÓN AMOROSA

Si fueras tú mi Eurídice, oh señora,
ya que soy yo el Orfeo que te adora,
tanto el poder mirarte en mí pudiera,
que sólo por mirarte te perdiera;
pues si perdiera la ocasión de verte,
perderte fuera así, por no perderte.
Mas tú en la tierra, luz clara del cielo,
firmamento que vives en el suelo,
no podía ser que fueras
sombra, que entre las sombras asistieras;
que el infierno contigo se alumbrara;
y tu divina cara,
como el sol en su coche,
introdujera auroras en la noche.
Ni yo, según mis sentimientos veo,
fuera músico Orfeo;
pues de amor y tristeza el alma llena,
no pudiera cantar, viéndote en pena.

ALMA EN PRISIÓN DE ORO

Si alguna vez en lazos de oro bellos
la red, Flori, encarcela tus cabellos,
digo ya, cuando miro igual tesoro,
que está la red en red y el oro en oro.
Mas déjame admirado
que sea el ladrón la cárcel del robado;
y ya en dos redes presa el alma mía;
no la espero cobrar en algún día;
y ella, porque tal cárcel la posea,
ni espera libertad, ni la desea.

ERROR ACERTADO
EN CONDICIÓN MUDABLE

El día que me aborreces, ese día
tengo tanta alegría,
como pesar padezco cuando me amas
y tu dueño me llamas.
Porque cuando indignada me aborreces,
en tu mudable condición me ofreces
señas de luego amarme con extemo;
y cuanto más me amas, Laura, temo
de tus mudanzas, como firme amante,
que me has de aborrecer en otro instante.
Así que, por mejor, elegir quiero
la esperanza del gusto venidero,
aunque esté desdeñado,
que el engañoso estado
de posesión tan bella
sujeto al torpe miedo de perdella.

EN QUE MUESTRA FESTEJOS
DE AMANTES

A Fabio preguntaba
la divina Florisa, enternecida,
primero, por su vida,
y luego, por la fe que le guardaba,
cuántos besos quería
de su divina boca; y él decía:
«Para podértelo decir, deseo
que multiplique el agua el mar Egeo;
que se aumenten de Libia las arenas,
y del cielo sagrado
las estrellas serenas,
los átomos sin fin del sol dorado».

Mas ella en este punto,
al rostro de su Fabio el suyo junto,
le cortó las razones con un beso;
y él, recibiendo el regalado peso

de su amada en sus brazos,
con ella se tejió en diversos lazos,
diciendo de esta suerte:
«Escondidos estamos de la muerte,
pues es tan grande el gusto que poseo;
por pedirte sin fin, dulce Florisa,
más besos tuyos pido que deseo».
Creció entre ambos por igual la risa,
y, por poco, después juntos lloraran
lo que les estorbó que se besaran.

CELEBRA UNOS OJOS
HERMOSOS Y DISCRETOS

Si os viera como yo os vi,
ojos, César, que, atrevido,
dijo «Vine, vi y vencí»,
sin duda dijera así:
«Vine, cegué y fui vencido».

Yo vine donde el volver
será morir y acabar,
y vi donde el mismo ver
fue ocasión para cegar
y gloria del padecer.

Fui también luego vencido
de quien, aun para despojos,
no estima lo que he perdido;
mas de tan valientes ojos
es victoria el ser rendido.

Quien oír, ver y callar,
dio por consejo al bienquisto,
no me ha de poder negar,
ojos, que no os había visto,
ni merecido escuchar.

Porque quien llegare a veros,
si con los suyos hablaros
supo, habrá de ofenderos,
ojos, si os vi, en no quereros;
si os oye, en no celebraros.

Quien os ve, claras estellas
de amor, si humano se atreve
a mirar luces tan bellas,
no paga lo que les debe,
si no se muere por ellas.

Y si su vida en tributo
les dio, por su buena suerte,
en su color, si se advierte,

halla hermosísimo luto
también por su misma muerte.

Pero daréis cuenta a Dios,
Flori, de ser mi homicida:
y no ha sido hazaña en vos
que me quiten una vida
vuestros ojos, siendo dos.

Para cada uno quisiera
tener mil vidas que dar,
y almas tantas con que amar:
porque así durar pudiera
su rigor y mi penar.

Que si todas se juntaran,
y ya murieran, ya amaran,
que pudiera ser, entiendo,
que ya amando y ya muriendo,
un alma sola ablandaran.

MUESTRA LO ENAMORADO
EN LO AUSENTE

Después de gozar la gloria
de tu amable compañía,
no hay tan dichosa alegría
como estar con tu memoria.

En la mayor soledad
hallo escondido el contento,
pues descubre el pensamiento
un rastro de tu beldad.

No hay tal gloria como amarte,
que quien te ama eternamente,
viviendo ausente, y presente,
jamás deja de gozarte.

Porque no hay lugar ajeno
de tu beldad peregrina:

que está, como eres divina,
todo de tu gloria lleno.

Pues ¿de qué me quejo ahora,
si gozo siempre de ti,
teniendo dentro de mí
todo el bien que mi alma adora?

¿Qué puede causarme enojos,
si, en cualquier parte del suelo,
me alumbran desde ese cielo
los dos soles de tus ojos?

Mas en todo se parecen
tus luces a las de Apolo:
que abrasan de lejos sólo
y en su esfera resplandecen.

Y con sus rayos lucientes,
se levantan de la tierra

las nubes que el aire encierra,
la nieve y rayos ardientes.

Que los sutiles vapores
suben al fuego y se encienden,
y en rayos vueltos descienden
de las partes superiores.

Pues tu beldad peregrina,
si es en presencia gozada,
de gloria el alma adornada
deja con luz tan divina.

Mas de lejos contemplada,
en el alma enciende luego
vivas centellas de fuego,
que la dejan inflamada.

Y al cuerpo, que es inferior,
vueltas en rayos, descienden

las pasiones, que se encienden
en la parte superior.

Engéndranse en ella celos,
memorias de bien perdido,
llamas de amor encendido
de las luces de tus cielos.

Y si tengo en esta ausencia,
para tormento tan fuerte,
más favor que esperar verte,
muera sin ver tu presencia.

Que más quiero por ti pena,
ausencia, celos, temor,
fuego vivo de tu amor,
que gloria de mano ajena.

Y pues estimo el tormento,
contemplando en tu memoria,

si está presente tu gloria,
no cabrá en el pensamiento.

Que no hay mayor diferencia
de gozar gloria en el cielo,
a contemplarla en el suelo,
que de tu vista a la ausencia.

SUEÑO

No pueden los sueños, Floris,
ofender prendas divinas,
pues permiten a las almas
el mentir para sí mismas.
Prevenir un sueño quiero,
que, por hacerme caricias,
hurtó mis ojos al llanto,
que los anega la vista.
Soñé (gracias a la noche),
no sé, Floris, si lo diga
(mas perdona, que los sueños
no saben de cortesía),
que estabas entre mis brazos,
pues eres, diosa divina,
de un amante bullicioso
las obras ejecutivas.
Soñaba el ciego que veía
y soñaba lo que quería.

Tus voces y tus razones
me di, Floris, tanta prisa
a beberlas de tu boca,
que me excusaba de oírlas.
Es no decir lo que vi
apiadarme de la envidia,
y guardar para mí solo
mis glorias con avaricia.
Lo que tocaron mis manos,
adiestradas de mentiras,
no lo darán por el cetro
de todas las monarquías.
Hechas demonios, andaban
tentando abajo y arriba,
y al escondite jugaban
mis obras con tu basquiña.
Soñaba el ciego que veía,
y soñaba lo que quería.

Andúvete con la boca
rosa a rosa las mejillas,
y aun dentro de tus dos ojos
te quise forzar las niñas.
Me di un hartazgo de cielo
en tan altas maravillas;
maté el hambre al deseo,
y enriquecí la codicia.
No hay estación en tu cuerpo
que no adore de rodillas;
con mis cuentas en la mano,
lloré en la postrer ermita.
De beso en beso me vine,
tomándote la medida,
desde la planta al cabello,
por rematar en las Indias.
El apetito travieso,
con sola mi fantasía,
más entrometido andaba
que fraile con bacinica.

Andando de esta manera,
topé con las barandillas,
desperté con un chichón,
estando en la cuna el día.
Perdona al sueño sabroso
lisonjeras demasías,
que, aun despierto, en la memoria
me están haciendo cosquillas.
Soñaba el ciego que veía,
y soñaba lo que quería.

QUE DE LISI EL HERMOSO
DESDÉN FUE LA PRISIÓN
DE SU ALMA LIBRE

¿Qué importa blasonar del albedrío,
alma, de eterna y libre,
*   tan preciada,*
si va en prisión de un ceño, y,
*   conquistada,*
padece en un cabello señorío?

Nació monarca del imperio mío
la mente, en noble libertad criada;
hoy en esclavitud yace,
*   amarrada*
al semblante severo de un desvío.

Una risa, unos ojos, unas manos
todo mi corazón y mis sentidos
saquearon, hermosos y tiranos.

Y no tienen consuelo mis gemidos;
pues ni de su victoria están ufanos,
ni de mi perdición compadecidos.

PELIGROS DE HABLAR
Y DE CALLAR, Y LENGUAJE
EN EL SILENCIO

¿Cómo es tan largo en mí dolor
*   tan fuerte,*
Lisi? Si hablo y digo el mal que siento,
¿qué disculpa tendrá mi atrevimiento?
Si callo, ¿quién podrá excusar
*   mi muerte?*

Pues ¿cómo, sin hablarte, podrá verte
mi vista y mi semblante macilento?
Voz tiene en el silencio el sentimiento:
mucho dicen las lágrimas que vierte.

Bien entiende la llama quien
*   la enciende;*
y quien los causa, entiende los enojos;
y quien manda silencios, los entiende.

Suspiros, del dolor mudos despojos,
también la boca a razonar aprende,
como con llanto y sin hablar los ojos.

QUE COMO SU AMOR NO FUE SÓLO DE LAS PARTES EXTERIORES, QUE SON MORTALES, TAMPOCO LO SERÁ SU AMOR

Que vos me permitáis sólo pretendo,
y saber ser cortés y ser amante;
esquivo los deseos, y constante,
sin pretensión, a sólo amar atiendo.

Ni con intento de gozar ofendo
las deidades del garbo
  y del semblante;
no fuera lo que vi causa bastante,
si no se le añadiera lo que entiendo.

Llamáronme los ojos las facciones;
prendiéronlos eternas jerarquías
de virtudes y heroicas perfecciones.

No verán de mi amor el fin los días:
la eternidad ofrece sus blasones
a la pureza de las ansias mías.

AMOR IMPRESO EN EL ALMA, QUE DURA DESPUÉS DE LAS CENIZAS

Si hija de mi amor mi muerte fuese,
¡qué parto tan dichoso que sería
el de mi amor contra la vida mía!
¡Qué gloria, que el morir
de amar naciese!

Llevara yo en el alma adonde fuese
el fuego en que me abraso,
y guardaría
su llama fiel con la ceniza fría
en el mismo sepulcro
en que durmiese.

De esa otra parte de la muerte dura,
vivirán en mi sombra mis cuidados,
y más allá del Lethe mi memoria.

Triunfará del olvido tu hermosura;
mi pura fe y ardiente, de los hados;
y el no ser, por amar, será mi gloria.

SEPULCRO
DE SU ENTENDIMIENTO
EN LAS PERFECCIONES
DE LISI

En este incendio hermoso que,
    partido
en dos esferas breves, fulminando,
reina glorioso, y con imperio blando
autor es de un dolor tan bien
    nacido;

en esta nieve, donde está florido
mayo, los duros Alpes matizando;
en este Oriente, donde
    están hablando
por coral las sirenas del sentido;

debajo de esta piedra endurecida,
en quien mi afecto está fortificado

y quedó mi esperanza convertida,
yace mi entendimiento fulminado.
Si es su inscripción mi congojosa vida,
dentro del cielo viva sepultado.

IMAGINA HACER UN INFIERNO PARA LISI, EN CORRESPONDENCIA DEL INFIERNO DE AMOR QUE YA ELLA LE HABÍA HECHO

Alimenté tu saña con la vida
que en eterno dolor calificaste,
¡oh, Lisi!; tanto amé como olvidaste:
yo tu idólatra fui, tú mi homicida.

¿Cómo guarecerá fe tan perdida
y el corazón que, ardiente,
   despreciaste?
Siendo su gloria tú, le condenaste,
y ni de ti blasfema ni se olvida.

Mas para ti fabricará un infierno
y pagarán tus ansias mis enojos,
pues negaste piedad al llanto tierno.

Arderán tu victoria y tus despojos;
y así, fuego el Amor nos dará eterno:
a ti en mi corazón, a mí en tus ojos.

AMOR DE SOLA UNA VISTA
NACE, VIVE, CRECE
Y SE PERPETÚA

Diez años de mi vida se ha llevado
en veloz fuga y sorda el sol ardiente,
después que en tus dos ojos vi
    el Oriente,
Lísida, en hermosura duplicado.

Diez años en mis venas he guardado
el dulce fuego que alimento, ausente,
de mi sangre. Diez años en mi mente
con imperio tus luces han reinado.

Basta ver una vez grande hermosura;
que, una vez vista, eternamente
    enciende,
y en el alma impresa eternamente
    dura.

*Llama que a la inmortal vida
  transciende,
ni teme con el cuerpo sepultura,
ni el tiempo la marchita ni la ofende.*

AMANTE APARTADO PERO NO AUSENTE, AMADOR DE LA HERMOSURA DEL ALMA, SIN OTRO DESEO

Puedo estar apartado, mas no ausente;
y en soledad, no solo; pues delante
asiste el corazón, que arde constante
en la pasión, que siempre
   está presente.

El que sabe estar solo entre la gente,
se sabe solo acompañar: que, amante,
la membranza de aquel bello
   semblante
a la imaginación se le consiente.

Yo vi hermosura y penetré la alteza
de virtud soberana en mortal velo:
adoro el alma, admiro la belleza.

Ni yo pretendo premio, ni consuelo;
que uno fuera soberbia, otro vileza:
menos me atrevo a Lisi, pues,
     que al cielo.

SI DIOS ERES, AMOR, ¿CUÁL ES TU CIELO...?

Si dios eres, Amor, ¿cuál es tu cielo?
Si señor, ¿de qué renta y de qué estados?
¿Adónde están tus siervos y criados?
¿Dónde tienes tu asiento en este suelo?

Si te disfraza nuestro mortal velo,
¿cuáles son tus desiertos y apartados?
Si rico, ¿do tus bienes vinculados?
¿Cómo te veo desnudo al sol y al hielo?

¿Sabes qué me parece, Amor, de aquesto?
Que al pintarte con alas y vendado,
es que de ti el pintor y el mundo juega.

Y yo también, pues sólo el rostro honesto
de mi Lisi así te ha acobardado,
que pareces, Amor, gallina ciega.

EPICEDIO EN LA MUERTE DE UNA ILUSTRE SEÑORA, HERMOSA Y DIFUNTA EN LO FLORIDO DE SU EDAD

*Deja el alma y los ojos
en este monumento por despojos,
oh, amigo pasajero,
que en esta tumba se atesora entero
el imperio de amor en poca tierra,
la munición, las armas de su guerra,
su triunfo, su victoria,
el éxtasis de amor, toda la gloria
y más dulce deleite de la vista
el patrimonio todo y la conquista
de cuantas libertades tuvo el suelo,
y el vencimiento de la luz del cielo.
Todos ya estos trofeos son ceniza
que aun en porción mortal
    se inmortaliza.*

Aquí yace el Amor, no yace Elvira,
pues reina aun en el mármol, y él suspira.
Ciegos los ojos deja, ¡oh, tú!, en el llanto,
por epitafio al monumento santo:
déjalos, pues en lágrimas te empleas,
que, pues ya no la ves, no es bien
   que veas.
El cielo, que soberbia no consiente
(sábelo el Serafín inobediente),
a la naturaleza,
que contra su poder se amotinaba,
blasonando de Elvira la belleza,
castigó la soberbia que ostentaba.

La Muerte, que, ambiciosa
   en monarquía
universal, no admite compañía,
ni igualdad que no abata,
nunca justificada, siempre ingrata,
desatando aquella alma generosa

de su composición maravillosa,
redújola a cadáver, porque intenta
que, ansí como de Elvira no hubo exenta
libertad, su corona
única que ya, difunta Elvira,
que compitió su inexorable vira;
y pues no perdonó, no la perdona.
Y aun el Amor no quiso
igualdad con Elvira de sus leyes,
que rinden igualmente vulgo y reyes.

En sus ojos las luces expiraron
que un tiempo soberanas fulminaron;
todas las flores y las rosas juntas
en sus mejillas yacen hoy difuntas;
mustia la primavera,
mal vestidos el monte y la ribera:
por eso a sus exequias dolorosas
luces han de faltar, flores y rosas,
y en vez de las antorchas relumbrantes,

corazones de cera arden amantes.
Será su sepultura
(¡tales méritos tiene su hermosura!)
mina con sus cabellos,
pues Tibar y el Ofir se gastó en ellos.
Su boca hará a su túmulo tesoro,
pues perlas y rubíes junta al oro.
Tú, huésped, si piedad tu afecto mueve,
no digas que la tierra le sea leve;
dila, pues guarda prenda tan preciosa,
que sepa ser avara y cuidadosa;
porque en cubrir sus perfecciones
*   raras,*
a pesar de los hombres en el suelo,
hace lisonja al sol, adula al cielo.

CON EJEMPLOS MUESTRA A FLORA LA BREVEDAD DE LA HERMOSURA PARA NO MALOGRARLA

La mocedad del año, la ambiciosa
vergüenza del jardín, el encarnado
oloroso rubí, Tiro abreviado,
también del año presunción
*   hermosa;*

la ostentación lozana de la rosa,
deidad del campo, estrella del cercado;
el almendro, en su propia flor nevado,
que anticiparse a los calores osa,

reprensiones son, ¡oh Flora!, mudas
de la hermosura y la soberbia
*   humana,*
que a las leyes de flor está sujeta.

Tu edad se pasará mientras lo dudas;
de ayer te habrás de arrepentir mañana,
y tarde y con dolor serás discreta.

PERSUADE AL RÍO QUE, PUES CRECIDO VA CON SUS LÁGRIMAS, TAMBIÉN VAYA SIGNIFICANDO SU DOLOR

Frena la corriente, ¡oh, Tajo retorcido!
tú, que llegas al mar rico y dorado,
en tanto que al rigor de mi cuidado
busco (¡ay, si le hallase!) algún olvido.

No suenes lisonjero, pues perdido
ves a quien te bebió
    con su ganado;
viste de mi color desanimado
los cristales que al mar llevas
    tendido.

Pues en llantos me anegan mis enojos,
con el recién nacido sol no rías,
ni alimente tu margen sino abrojos.

Que no es razón que, si tus aguas frías
son lágrimas llovidas de mis ojos,
rían cuando las lloran ansias mías.

QUIERE QUE LA HERMOSURA CONSISTA EN EL MOVIMIENTO

No es artífice, no, la simetría
de la hermosura que en Floralba veo;
ni será de los números trofeo
fábrica que desdeña al sol y al día.

No resulta de música armonía
(perdonen sus milagros en Orfeo),
que bien la reconoce mi deseo
oculta majestad que el cielo envía.

Puédese padecer, mas no saberse;
puédese codiciar, no averiguarse,
alma que en movimientos puede verse.

No puede en la quietud difunta hallarse
hermosura, que es fuego en el moverse,
y no puede viviendo sosegarse.

CONFUSIÓN DE PELIGROS CONTEMPLANDO LA HERMOSURA DE QUIEN LOS CAUSA, Y CONSUELO EN EL RIESGO MAYOR

No lo entendéis, mis ojos, que ese cebo
que os alimenta es muerte disfrazada
que, de la vista de Silena airada,
con sed enferma, porfiado, bebo.

Sólo de mí os quejais, que sólo os llevo
donde el alma dejáis aprisionada,
peregrinando, ciegos, la jornada,
con más peligro cada vez
*   que os muevo.*

Si premio pretendéis, sois atrevidos;
y si no lo esperáis, desesperados;
cautivos si miráis, si lloráis tristes.

Bien os podéis contar con los perdidos;
pero podéis perderos consolados,
si la causa advertís por que os perdistes.

SIGNIFICA EL MAL QUE ENTRA AL ALMA POR LOS OJOS CON LA FÁBULA DE ACTEÓN

Estábase la efesia cazadora
dando en aljófar el sudor al baño,
cuando en rabiosa luz se abrasa
*   el año*
y la vida en incendios se evapora.

De sí, Narciso y ninfa, se enamora;
mas viendo, conducido de su engaño,
que se acerca Acteón, temiendo
*   el daño,*
fueron las ninfas velo a su señora.

Con la arena intentaron el cegalle,
mas luego que de Amor miró el trofeo,
cegó más noblemente con su talle.

Su frente endureció con arco feo,
sus perros intentaron el matalle,
y adelantóse a todos su deseo.

CON LA PROPIEDAD
DE GUADIANA COMPARA
LA DISIMULACIÓN
DE SUS LÁGRIMAS

*O ya descansas, Guadiana, ociosas
tus corrientes en lagos
    que ennobleces,
o líquidas dilatas a tus peces
campañas en las lluvias procelosas;*

*o en las grutas sedientas
    tenebrosas
los raudales undosos despareces,
y de nacer a España muchas veces
te alegras en las tumbas cavernosas;*

*émulos mis dos ojos a tus fuentes
ya corren, ya se esconden, ya se paran,
y nacen sin morir al llanto ardientes.*

Ni mi prisión ni lágrimas se aclaran:
todo soy semejante a tus corrientes,
que de su propio túmulo se amparan.

TÚ, PRINCESA BELLÍSIMA DEL DÍA...

Tú, princesa bellísima del día,
de las sombras nocturnas triunfadora,
oro risueño y púrpura pintora,
del aire melancólico alegría;

pues del sol que te sigue y que te envía
eres flagrante y rica embajadora;
pues por ennoblecerte llamé Aurora
la hermosa sin igual zagala mía,

ya que la noche me privó de vella,
y esquiva mis dos ojos, piadosa,
entreténme su imagen en tu estrella.

Niégale al sol las horas; no envidiosa
su llama, que tus luces atropella,
esconde en ti su ardiente nieve y rosa.

A FILI QUE, SUELTO EL CABELLO, LLORABA AUSENCIAS DE SU PASTOR

Ondea el oro en hebras proceloso;
corre el humor en perlas hilo
 a hilo;
juntó la pena al Tajo con el Nilo,
éste creciente, cuando aquél
 precioso.

Tal el cabello, tal el rostro hermoso
asiste en Fili al doloroso estilo,
cuando por las ausencias
 de Batilo,
uno derrama rico, otro lloroso.

Oyó gemir con músico lamento
y mustia y ronca voz tórtola amante,
amancillando querellosa el viento.

Dijo: «*Si imitas mi dolor constante,*
eres lisonja dulce de mi acento;
si le compites, no es tu mal bastante».

AUSENTE, SE LAMENTA
MIRANDO LA FUENTE
DONDE SOLÍA MIRARSE
SU PASTORA

En este sitio donde mayo cierra
cuanto con más fecunda
   luz florece,
tan parecido al cielo, que parece
parte que de su globo cayó
   en tierra;

testigos son las peñas de esta sierra
(hombros que al peso celestial ofrece)
del duro afán que el corazón padece,
en alta esclavitud, injusta guerra.

Miré la fuente donde ver solía
a Filida, que en ella se miraba,
cuando por serla espejo no corría.

Por imitar mi envidia se abrasaba,
cuando en sus aguas mi atención ardía:
Y, en dos incendios, Filida se helaba.

A UNA DAMA HERMOSA QUE
MATÓ UN ÁGUILA CON UN TIRO

¿Castigas en el águila el delito
de los celos de Juno vengadora,
porque en velocidad alta y sonora
llevó a Jove robado el catamito?

¿O juzgaste su osar por infinito
en atrever sus ojos a tu aurora,
confiada en la vista vencedora,
con que miran al Sol de hito en hito?

¿O porque sepa Jove que en el cielo,
cuando Venus fulminas, de tu rayo
ni el suyo está seguro, ni su vuelo?

¿O a César amenazas con desmayo,
derramando su emblema por el suelo,
honrando los leones de Pelayo?

CULPA LO CRUEL
DE SU DAMA

Hay en Sicilia una famosa fuente
que en piedra torna cuanto moja y baña,
de donde huye la ligera caña
el vil rigor del natural corriente.

Y desde el pie gallardo hasta la frente,
Anaxarte, de dureza extraña,
convertida fue en piedra, y en España
pudiera dar ejemplo más patente.

Mas donde vos estáis es excusado
buscar ejemplo en todas las criaturas,
pues mi quejas jamás os ablandaron.

Y al fin estoy a creer determinado
que algún monte os parió de entrañas duras,
o que en aquella fuente os bautizaron.

CUANDO A MÁS SUEÑO
EL ALBA ME CONVIDA...

Cuando a más sueño el alba me convida,
el velador piloto Palinuro
a voces rompe al natural seguro,
tregua del mal, esfuerzo de la vida.

¿Qué furia armada, o qué legión vestida
del miedo, o manto de la noche oscuro,
sin armas deja el escuadrón seguro,
a mí despierto, a mi razón dormida?

Algunos enemigos pensamientos,
corsarios en el mar de amor nacidos,
mi dormido batel han asaltado.

El alma toca al arma a los sentidos;
mas como Amor los halla soñolientos,
es cada sombra un enemigo armado.

CIFRA DE CUANTA GLORIA Y BIEN ESPERA...

Cifra de cuanta gloria y bien espera,
por premio de su fe y de su tormento,
el que para adorar tu pensamiento
de sí se olvidará hasta que muera,

reforma tu aspereza brava y fiera
a oír lo menos del dolor que siento:
dale, señora, al tierno sentimiento
en ese pecho ya lugar cualquiera.

Pues mi remedio está sólo en tu mano,
antes que del dolor la fuerza fuerte
del aliento vital prive a Silvano,

intento muda, porque de otra suerte
llegará tarde, y procurarse ha en vano
a tanto mal remedio sin la muerte.

DETÉN TU CURSO,
HENARES, TAN CRECIDO...

Detén tu curso, Henares, tan crecido,
de aquesta soledad músico amado,
en tanto que, contento, mi ganado
goza del bien que pierde este afligido;

y en tanto que en el ramo más florido
endechas canta el ruiseñor, y el prado
tiene de sí al verano enamorado,
tomando a mayo su mejor vestido.

No cantes más, pues ves que nunca aflojo
la rienda al llanto en míseras porfías,
sin menguárseme parte del enojo.

Que mal parece, si tus aguas frías
son lágrimas las más, que triste arrojo,
que canten, cuando lloro, siendo mías.

SALISTE, DORIS BELLA, Y FLORECIERON...

Saliste, Doris bella, y florecieron
los campos secos que tus pies pisaron;
las fuentes y las aves te cantaron,
que por la blanca Aurora te tuvieron.

Cuantas cosas miraste, se encendieron;
cuantas peñas tocaste, se ablandaron;
las aguas de Pisuerga se pararon
y aprendieron a amar cuando te vieron.

El sol dorado que tus ojos vía
dudaba si su luz o la luz dellos
prestaba el resplandor al claro día.

Venciéronle sus rayos tus cabellos,
pues, con mirarlos solamente, ardía,
y de envidia y de amor muere por vellos.

TÚ, REY DE RÍOS, TAJO GENEROSO...

Tú, rey de ríos, Tajo generoso,
que el movimiento y calidad hurtaste
al cuerpo de alabastro que bañaste,
gentil en proporción, gallardo, hermoso;

ora natural músico ingenioso
seas entre las conchas que criaste,
ora el valle le ofrezcas do engendraste,
para su frente, el ramo victorioso;

ora, sueltas del hielo tus corrientes,
le des espejo, sólo te suplico
que, cuando quiera en ti ver sus despojos,

junto con su hermosura representes
mi llanto con que creces y estás rico:
vean siquiera mis lágrimas sus ojos.

A LAS CENIZAS
DE UN AMANTE PUESTAS
EN UN RELOJ

Ostentas, ¡oh, feliz!, en tus cenizas
el afecto inmortal del alma interno;
que como es del amor
    el curso eterno,
los días a tus ansias eternizas.

Muerto del tiempo, el orden
    tiranizas,
pues mides, derogando su gobierno,
las horas al dolor del pecho tierno,
los minutos al bien que inmortalizas.

¡Oh, milagro! ¡Oh, portento
    peregrino!,
que de lo natural los estatutos
rompes con eternar su movimiento.

Tú mismo constituyes tu destino:
pues por días, por horas, por minutos,
eternizas tu propio sentimiento.

OJOS, GUARDAD
AL CORAZÓN SECRETO...

Ojos, guardad al corazón secreto,
pues le guarda la lengua
* a sus pasiones;*
ved que son vuestras lágrimas
* razones:*
que el ciego amor, si es mucho,
es más perfecto.

Si miedo no tenéis, tened respeto,
y triunfe de atrevidas ocasiones
el sufrimiento, que arma corazones
en la milicia de este fuego inquieto.

Contentaos con amar cosa
* tan bella,*
pues os honra la propia cobardía
que la vista parlera os enmudece.

Amad el imposible, el merecella;
débaos mi corazón tal cortesía:
que en penar por los dos bien la merece.

MUDA Y TIERNA
ELOCUENCIA DERRAMADA…

Muda y tierna elocuencia derramada,
de la razón y pena recogida,
con tener más de vista que de oída,
ni aun de ajeno mirar sois escuchada.

Alma en líquido fuego transformada,
que por más firme unión se da vertida,
y su prisión nos deja persuadida,
saliendo por los ojos desatada;

lenguas de un pensamiento recatado,
ansias que van corriendo, y las poseo,
sangre de los suspiros más amigos:

palabras sois postreras del cuidado,
congojosos extremos del deseo,
del alma partes, de mi amor testigos.

EXEQUIAS A UNA TÓRTOLA QUE SE QUEJABA VIUDA Y LUEGO FUE HALLADA MUERTA

Al tronco y a la fuente,
más que su arena y que sus verdes
*   hojas*
honraron tus congojas,
¡oh, tórtola doliente!
Tu voz acompañaba al monte seco;
dabas que hacer al eco;
usurpaban los prados
el nombre de leales
de tu fe y tu firmeza.
Nunca se vieron, nunca, los cuidados,
las penas y los males,
si no es en tu tristeza,
hartos de sentimiento,
pues fue tanta tu pena,

que le daba a esta arena
honra, si no ornamento.
Ya sin vida te veo,
y el prado está sin ti de aquella suerte
que estuvo sin tu amante tu deseo.
Quien buscare otras causas a tu muerte,
fuera del mucho amar tu compañía,
mucho te agravia, y poco también sabe
de lo que con tus alas voló el Ciego
y de su tiranía,
pues que, siendo tú ave,
bien más que el aire frecuentaste el fuego.
No dio mortal herida
ayuda a tu dolor contra tu vida
para eterno reposo:
que yo sé que a tu espíritu amoroso
vino la muerte airada
en tu deseo más presto que en su vuelo,
y muy menos temida que rogada,
pues de tanto dolor y desconsuelo

no pudo haber tan envidiosa mano
que a lástima o respeto se negase,
ni cazador que entrase
en este verde llano,
a quien justa piedad de tus suspiros
no burlase los tiros.
Piedad de todos alcanzar supiste,
y de ti no pudiste,
y, siendo ave ligera,
para ti sola te volviste fiera.
Daré al fuego este leño,
dividido en pedazos:
seguirá en humo al alma de su dueño.
Luego regalaré con mil olores
los aires, donde en músicos abrazos
goza blandos amores,
en pacífica calma,
junta al marido espíritu tu alma.
Recibe las exequias del que oíste
quejarse de Amarilis tantas veces,

no como las mereces
ni como las hiciste,
ni como las espera;
pues cuando corto quedo,
más tórtola difunta hacer pudiera
que vivo amante haciendo cuanto puedo.

CELEBRA EL CABELLO DE UNA DAMA QUE, HABIÉNDOSELE MANDADO CORTARLO A CAUSA DE UNA ENFERMEDAD, SE NEGÓ A HACERLO

¿Cómo pudiera ser hecho piadoso
dar licencia villana al duro acero
para ofender cabello tan hermoso?
Y ¿quién, a tu salud tan lisonjero,
quiso que el arte suyo se mostrase
donde el dudoso efecto lo agraviase?

Pues si ayudarla intenta diligente,
cuando en peligro está naturaleza,
el experto filósofo y prudente,
¿cómo, quien su tesoro y su belleza,
tejido en esas trenzas, le cortaba,
bien que lo prometiese, la ayudaba?

Mal pudo ser remedio de tu vida
cortar todo el honor y precio de ella,
si se pudiera hallar mano atrevida,
y sin piedad en cosa que es tan bella,
pues cortara, en los lazos que hoy celebras,
tantas vidas amantes como hebras.

El bárbaro deseo del romano,
que las vidas de todos sobre un cuello
quiso ver, por cortarlas con su mano
de un golpe, quien cortara tu cabello
le cumpliera, cruel, pues de mil modos
tienen las vidas de él pendientes todos.

Estratagema fue y ardid secreto
el persuadir la Muerte se cortase
cabello a quien, por lástima y respeto,
era fuerza que aún ella perdonase:
que ofender tal belleza quien la viera,
hasta en la Muerte atrevimiento fuera.

A tu propia salud antepusiste
cuerda temeridad en conservarle;
todo lo que merece conociste,
pues fuera no lo hacer desestimarle:
que aun por no te obligar a tal locura,
a sí se corrigió la calentura.

Y cuando medicina tan severa
para dolencia igual sólo se hallara,
ella misma, de lástima, se fuera,
y la salud, de envidia, se tornara,
pues estaba, sin duda, ya celosa
de ver en ti la enfermedad hermosa.

Si en Absalón fue muerte su cabello,
bien que gentil, también dejar cortarle
lo fue para Sansón; y en ti el perdello
viniera en los sucesos a imitarle,
pues murieran en él cuantos le vieron,
como con el jayán los que estuvieron.

Reine, honor de la edad, desordenado
tu cabello, sin ley, dándola al cielo;
no le mire viviente sin cuidado,
ni libertad exenta goce el suelo.
Envidia sea del sol, desprecio al oro,
prisión al alma, y al amor tesoro.

La Muerte, que la humana gloria ultraja,
lo venere hasta tanto que lo vea
blanco ya, del color de la mortaja.
Y cuando edad antigua lo posea
y de la postrer nieve lo corone,
por lo hermoso que ha sido, lo perdone.

QUE TODO TIENE FIN,
SI NO ES MI PENA

Yo vi todas las galas del verano
y engastadas las perlas del aurora
en el oro del sol sobre este llano;
vi de esmeralda el campo; mas agora
la blanca nieve del invierno cano
de todo le desnuda y le desdora.
Todo lo acaba el tiempo y lo enajena:
que todo tiene fin, si no es mi pena.

Yo vi presa del hielo la corriente
que, en líquidos cristales, derretida,
despide alegre la parlera fuente;
de nubes pardas y de horror vestida,
vi la cara del sol resplandeciente;
la mar, que ahora temo embravecida,
vi mansa en otro tiempo, vi serena:
que todo tiene fin, si no es mi pena.

De verdes hojas, lenguas vi que hacía,
por murmurar un rato, el manso viento,
de mi Tirsis cruel la tiranía;
mas el invierno enmudeció su acento.

De lazos de oro el cielo ciñó el día;
vino tras él con tardo movimiento
la muda noche, de tinieblas llena:
que todo tiene fin, si no es mi pena.

DECIR PUEDE ESTE RÍO...

Decir puede este río,
si hay quien diga en favor
*   de un desdichado,*
el tierno llanto mío;
decirlo puede el prado,
Aminta rigurosa,
más por mi mal que por tu bien
*   hermosa.*

Oyendo aquestos cerros
tu injusto agravio a mis querellas justas,
dulcísimos destierros,
pues de mis penas gustas,
acabaráme olvido,
y antes muerto estaré que arrepentido.

Dulce imposible adoro:
¡ay del que sin ventura quiere tanto!

Pierdo el tiempo si lloro,
las palabras si canto,
y la vida si quiero:
piérdome en todo, y por perderme
   muero.

¡Qué de veces previne
quejas para decirte, y al instante
que a ver tu rostro vine,
propio temor de amante,
un mover de tus labios
me trajo olvido a infinidad
   de agravios!
¡Qué de veces tus ojos,
de tanta voluntad dueños injustos,
me trajeron enojos
y me robaron gustos,
trayendo con sus rayos
al alma julios y a la orilla mayos!
Flacas van mis manadas,

que sienten el dolor que tú no sientes;
buscando van cansadas:
buscan agua en las fuentes,
sin ver que están secretas
agua en mis ojos, hierba en tus saetas.

Viéronme estas arenas
en otro tiempo, cuando Dios quería,
libre de las cadenas
que tienen en prisión el alma mía.
¡Oh, libertad sagrada!,
quien te perdió no tema perder nada.

BESANDO MIS PRISIONES...

Besando mis prisiones,
de alegre soledad dulces despojos,
te escribo estos renglones,
Amarilis, al tiempo que mis ojos,
para mayor trofeo,
matan la sed con llanto a mi deseo.

Escucha mi tormento,
si quieres estimar tu alegre estado,
si no es que tu contento
temes que le entristezca mi cuidado,
pues con mis males puedo
a la misma ventura poner miedo.

Oye mis soledades,
que aun de la soledad me siento solo,
y las muchas verdades,
que ha llorado conmigo el santo Apolo,

de aquella misma suerte,
que el juez escucha al que condena
  a muerte.

Mas aunque condenado
a infierno de rigor, señora mía,
en este despoblado,
donde ni alumbra el sol, ni sale el día,
jamás con tanta pena
te maldigo por juez que me condena.

Es agravio notable
que, siendo tú la parte, me condenes
a muerte miserable,
aunque por bien perdidos doy mis bienes,
pues al Amor le plugo,
siendo mi juez, que fueses mi verdugo.

Y pues te son debidos,
como a ministro hermoso de mi muerte,

recibe mis vestidos,
que, para más dolor, quiso mi suerte
que a mi verdugo fiero,
en pago de matarme, haga heredero.

Y como aquel que expira,
vecina la mortaja y sepultura,
tristes visiones mira
en mi muerte. Así ordena tu hermosura
que vea tu enojo eterno
en vez de las visiones del infierno.

Sólo estoy temeroso
de que no he de morir eternamente,
hasta que sea dichoso;
pues mientras mi dolor esté presente,
porque en tristeza viva,
eterno me ha de hacer Fortuna esquiva.

AUNQUE, SEÑORA, CREO...

*Aunque, señora, creo
que insisto en mi esperanza vanamente,
a fuerza del deseo
se humana mi dolor, y lo consiente;
y presumo que os veo
para engañar la soledad presente;
mas luego echo de ver que ausente os miro,
en que me quejo al fin, y en que suspiro.
Y dejo de buscaros.
¡Ay, qué injusto rigor! ¡Qué amor
tan justo!
Porque esto no es dejaros,
sino seguir ausente vuestro gusto;
mas vos, por no obligaros,
miráis esta mudanza con disgusto.
Perdonadme, señora, si os entiendo,
que ansí por enmendarme
no me enmiendo.*

Perdón también os pido
del tiempo que he tardado en entenderos
y de haberos querido,
no pudiendo llegar a mereceros:
que todo error ha sido,
pues nada en mí ha dejado de ofenderos;
y perdonad si holgáis que esté culpado;
que ofenderos jamás he procurado.
Bien puede ser testigo
este destierro fiero y necesario,
en que soy mi enemigo
por excusar de ser vuestro contrario,
que en nada os contradigo;
y este acto en mí es forzoso y voluntario,
si enamorado está mi entendimiento,
y es vuestra voluntad su fundamento.

Pero dadme licencia,
pues no lo ha de querer la suerte mía,
que si vuestra presencia

tal vez interrumpiere la porfía
de esta importuna ausencia,
reciba yo de veros alegría;
porque de andar tan lejos de alegrarme,
con la licencia pienso consolarme.

Bien quisiera deciros
lo que está mi silencio publicando,
después que por serviros
me voy de mal en mal peregrinando;
mas quieren mis suspiros
que los refiera sólo suspirando;
y dice más, si con piedad se mira,
el que dice que calla y que suspira.

EXENTO DEL AMOR
PISÉ LA HIERBA...

Exento del amor pisé la hierba
que retrata el color de mis martirios;
vestí mis sienes de morados lirios;
mas ya, como la cierva
que, por la herida, sangre y vida pierde,
busco el remedio por el campo verde.

Hoy ceñí mi cabeza con laureles,
tejiendo a mi placer una guirnalda:
por calles de jacinto y esmeralda,
envuelto en pobres pieles,
sin yugo de dolor, con pasos tardos,
cortaba flores y arrancaba cardos.

Y a la sombra sentado de estos pinos,
que parecen copetes de este cerro,
dejando el cetro del ganado al perro,

miraba los molinos
cómo con fuerzas de artificio raras
vuelven harina hasta las aguas claras.

Listones de cristal por verdes lazos,
y calles hermosísimas de vidro,
entre los campos que pisaba Isidro,
enturbié con mis brazos;
mas ya, quejoso del Amor, desnudo,
doy lenguas con mi voz al valle mudo.

Miraba de los árboles las hojas
entenderse por señas y meneos;
escuchaba del ave los deseos
y las dulces congojas,
quejándose del río en las orillas,
porque no se paraba para oíllas.

En las hojas de hierba y de flores
miraba como en salvas ofrecidas

del aurora las lágrimas vertidas
al son en sus colores,
como si todas juntas le dijeran
que, a tardar más, en llanto se volvieran.

Tan libre de pasiones enemigas
pasé mi juventud entre los mozos,
que me andaba a buscar los calabozos
de las pobres hormigas;
y viéndolas tan sabias, esperaba
que me habían de hablar
   si les hablaba.

Eran todos mis gustos y cuidados
tirar un canto con ventaja mucha;
vencer nadando al pez y al hombre
   en lucha,
tener en mis ganados
el más valiente y animoso perro
y el mejor manso con mejor cencerro.

Así que, Amor, en esta prisión mía
sólo te la agradece y te la alaba
el temeroso grillo que cazaba,
el ave que cogía,
la rana con sus voces en el lago,
y el mudo pez en sus corrientes vago.

Si acaso de las manos me sacaras
la máquina del mundo y su grandeza;
si dejaras desnuda mi cabeza
de famosas tiaras,
hazaña fuera de perpetua gloria;
mas quitarme un cayado no es victoria.

Perdí mi libertad, y hallé razones
de perder los deseos de buscalla;
perdí la paz, y halléme en la batalla
con mil obligaciones
de no pesarme de mi mal primero.
¡Triste de aquel que muere como muero!

EL SUEÑO

¿Con qué culpa tan grave,
sueño blando y suave,
pude en largo destierro merecerte
que se aparte de mí tu olvido manso?
Pues no te busco yo por ser descanso,
sino por muda imagen de la muerte.
Cuidados veladores
hacen inobedientes mis dos ojos
a la ley de las horas;
no han podido vencer a mis dolores
las noches, ni dar paz a mis enojos;
madrugan más en mí que en las auroras
lágrimas a este llano,
que amanece a mi mal siempre
    temprano;
y tanto, que persuade la tristeza
a mis dos ojos que nacieron antes
para llorar que para verte, sueño.

De sosiego los tienes ignorantes,
de tal manera, que al morir el día
con luz enferma, vi que permitía
el sol que le mirasen en poniente.
Con pies torpes, al punto, ciega y fría,
cayó de las estrellas blandamente
la noche tras la pardas sombras mudas,
que el sueño persuadieron a la gente.
Escondieron las galas a los prados
y quedaron desnudas
estas laderas, y sus peñas, solas;
duermen ya, entre sus montes recostados,
los mares y las olas.
Si con algún acento
ofenden las orejas,
es que, entre sueños, dan al cielo quejas
del yerto lecho y duro acogimiento,
que blandos hallan en los cerros duros.
Los arroyuelos puros
se adormecen al son del llanto mío,

y, a su modo, también se duerme el río.
Con sosiego agradable
se dejan poseer de ti las flores;
mudos están los males;
no hay cuidado que hable:
faltan lenguas y voz a los dolores,
y en todos los mortales
yace la vida envuelta en alto olvido.
Tan sólo mi gemido
pierde el respeto a tu silencio santo;
yo tu quietud molesto con mi llanto
y te desacredito
el nombre de callado con mi grito.
Dame, cortés mancebo, algún reposo;
no seas digno del nombre de avariento,
en el más desdichado y firme amante
que lo merece ser por dueño hermoso:
débate alguna pausa mi tormento.
Gózante en las cabañas
y debajo del cielo

los ásperos villanos;
hállate en el rigor de los pantanos
y encuéntrate en las nieves y en el hielo
el soldado valiente,
y yo no puedo hallarte, aunque
    lo intente,
entre mi pensamiento y mi deseo.
Ya, pues, con dolor creo
que eres más riguroso que la tierra,
más duro que la roca,
pues te alcanza el soldado envuelto
    en guerra.
y en ella mi alma por jamás te toca.
Mira que es gran rigor. Dame siquiera
lo que de ti desprecia tanto avaro
por el oro en que alegre considera,
hasta que da la vuelta el tiempo claro:
lo que había de dormir en blando lecho,
y da el enamorado a su señora,
y a ti se te debía de derecho.

Dame lo que desprecia de ti agora,
por robar, el ladrón; lo que desecha
el que envidiosos celos tuvo y llora.
Quede en parte mi queja satisfecha:
tócame con el cuento de tu vara;
oirán siquiera el ruido de tus plumas
mis desventuras sumas;
que yo no quiero verte cara a cara,
ni que hagas más caso
de mí que hasta pasar por mí de paso;
o que a tu sombra negra, por lo menos,
si fueres a otra parte peregrino,
se le haga camino
por estos ojos de sosiego ajenos.
Quítame, blando sueño, este desvelo,
o de él alguna parte,
y te prometo, mientras viere el cielo,
de desvelarme sólo en celebrarte.

MEDICAMENTOS
ENAMORADOS

¡Qué de robos han visto del invierno,
qué de restituciones del verano,
este torcido roble y mirto tierno!
Y ¡qué de veces, Galafrón hermano,
de duro hielo, en este claro río,
cristal artificioso labró el frío!

Embargó con carámbanos invierno
su tributo a Pisuerga en varias
*   fuentes;*
salió de entre las nubes abril tierno,
dándoles libertad a las corrientes:
pasáronse las breves horas frías,
y trajeron la sed los largos días.

Quiero a mis solas, Galafrón amigo,
pues se sujeta a Amor la primavera,

usar de mis conjuros: sea testigo
el monte, el valle, el llano y la ribera.
Aprovecharme quiero del encanto,
pues no aprovecha con Aminta el llanto.

Aquella fuente clara te avecina;
y saludando el genio sacro de ella.
lávate en su corriente cristalina,
mirando siempre a Venus en
   su estrella.
Que no turbes las aguas te aconsejo:
respétale a la luna el blanco espejo.

Tráeme de aquellos mirtos verdes ramas,
arranca a Dafne sin piedad los brazos:
que el pedernal, que es cárcel
   de las llamas,
ya con duro eslabón hago pedazos:
así de Aminta ingrata el Amor ciego,
como yo de esta piedra, saque fuego.

Así como en el fuego esta verbena,
y esta raíz, donde escupió la luna,
por resistirse al duro fuego suena,
vencida del calor sin fuerza alguna,
así se queje ardiendo mi señora,
hasta que adore al triste que la adora.

Y así como derramo al fresco viento
estas cenizas pálidas y frías,
así se esparza luego mi tormento,
así las penas y las ansias mías;
y del modo que inclino a mí esta oliva,
así se incline a mí mi fugitiva.

Con tres coronas de jazmín y rosa
tus aras, santo simulacro, adorno,
y tras veces, con mano licenciosa,
cerco tu templo de verbena en torno;
tres veces con afecto y celo pío
a tus narices humo sacro envío.

¿Ves que de incienso y árabes olores
preciosa nube esconde tu figura?
¿Ves ante ti esparcidas estas flores,
que ojos fueron del prado, y su hermosura?
¿No ves estos pavones, cuyas galas
desdoblan un verano en las dos alas?

Poco me favoreces: llamar quiero
a Hecate del pueblo de las Sombras;
y si no viene, al pálido barquero,
de quien, negra deidad, tu reino nombras;
pienso dejar la barca en sucia arena,
beber el Lethe y olvidar mipera.

Mas no quiero llamarla; a tí, señora
Venus, a ti me vuelvo; vuelve y mira
tan ciego de pasión al que te adora,
que se arma contra ti de enojo y ira:
vuelve, risa del cielo; advierte, blanda,
que obedezco a tu hijo que me manda.

Recibe, pues, no sea mi ruego vano,
honra del mar, al claro sol vecina,
este farro, este humilde don villano,
y, nadando en la leche, blanca harina;
recibe el alma de este toro blanco,
que, a su pesar, del corazón arranco.

No me pesa de dártelo, aunque veo
que es el mejor de toda mi manada;
mira con las guirnaldas que rodeo
su frente, de iras y de ceño armada;
amante le herí, que no celoso;
no sé si de devoto o de envidioso.

Doyte estas golondrinas, tiernas aves,
estas simples palomas voladoras,
que cortando los vientos ya suaves
que al pintado verano dan las horas,
con sus brazos y cuellos variados
vistieron estos aires de mil prados.

Esta viuda tórtola doliente,
que perdió sus arrullos con su amante,
cogíla haciendo ultrajes a una fuente,
por no ver sin su dueño su semblante:
siempre vivió sin él en árbol seco,
y nunca alegre voz le volvió el eco.

Mira la vid que a Baco soberano
la boca regaló y honró las sienes,
cómo sirve de grillos en el llano
a los pies de los olmos que mantienes.
¡Ay, cómo los enlaza! ¡Ay, si hiciese
Amor que así mi Aminta me ciñese!

Toma, pues, Galafrón, estas guirnaldas
de adelfa y valerianas olorosas,
y, vueltas al arroyo las espaldas,
dáselas a las aguas presurosas.
No vuelvas a mirarlas; mira, amigo,
que estorbarás los versos que les digo.

«Id en paz (les dirás), ¡oh, prendas caras!»,
cuando en la orilla con la izquierda mano
las encomiendes a las aguas claras;
«id en paz, caminando al Oceano»;
y estas urnas de plata darás luego
al alma de la fuente por mi ruego.

Y yo en tanto, por hacer que me responda
Hecate, sorda siempre a mis gemidos,
quiero traer el rombo a la redonda:
varios lazos en él tengo tejidos;
y con flores de abrojo, hierba fuerte,
me quiero hurtar yo mismo de la muerte.

Quiero con ésta derribar del cielo,
entre espumas nevadas, a la luna,
que forastera habite nuestro suelo,
y que encante sus plantas una a una:
que ya cuantas Thesalia ha producido,
circunscribe en un cerco mi gemido.

Ven a mis ruegos fácil, reina dura,
pues sabes lo que pido en este punto.
Si ayer, antes de darle sepultura,
mordiéndole los labios a un difunto,
antes que el postrer hielo le cubriese,
le murmuré un recado que te diese.

No son indignos de Plutón mis ruegos,
ni de aquel que el Infierno tiene encima,
a cuyo nombre, en los palacios ciegos,
no hay collado ni monte que no gima;
bastantemente con nefanda boca
mi corazón sus Furias las invoca.

No estoy ayuno, no, de sangre humana,
que este cuchillo negro en este vaso
la llora, o por mejor decir, la mana;
dudoso y mal seguro traigo el paso;
que Baco, del cerebro dulce peso,
cuanto la vista aumenta, mengua el seso.

Da fuerza, ¡oh, Luna!, a las ofrendas mías;
así te ayude el son de las calderas
en negras noches y en los blancos días;
rebelde a los conjuros de hechiceras,
sin nube pases por el cielo errante.
¡Dicha buena te alcance siendo amante!

Mas, ¡ay!, que en el silencio alto y profundo,
por ciegas nubes, en el carro alado,
te veo pasar el sueño al otro mundo,
y el ruiseñor al canto ha despertado;
ninguna voz doliente me ha ofendido:
dichoso agüero y no esperado ha sido.

¡Quién consultara en Límina los Peces,
pues puede tanto el yerro de un amante,
que les da autoridad de ser jueces
en caso al que yo lloro semejante!
¡Quién los sagrados lirios revolviera
y con ellos, profeta, un plato hiciera!

Mas visto he, Galafrón, una paloma,
cierta señal que Citerea ayuda;
a la derecha mano el vuelo toma.
Aminta se ablandó, quiere sin duda.
¡Oh, poderosa fuerza del encanto,
que tanto puedes, que has podido tanto!

Vámonos, Galafrón, a nuestra aldea,
que ya las blancas horas traen al día;
ya lo que nos dio miedo nos recrea,
y el sol se ve nadar en agua fría.
Las plantas, con retratos aparentes,
a sí mismas se engendran en las fuentes.

Libre Pisuerga va del sueño fiero,
tan tardo, que parece que le pesa
de llegar a perder su nombre a Duero.
Ya el silencio mortal en todos cesa.
Vámonos a la aldea, a ver si acaso
por mí se enciende el fuego que me abraso.

HIMNO A LAS ESTRELLAS

A vosotras, estrellas,
alza el vuelo mi pluma temerosa,
del piélago de luz ricas centellas;
lumbres que enciende triste y dolorosa
a las exequias del difunto día,
huérfana de su luz, la noche fría;

ejército de oro,
que, por campañas de zafir marchando,
guardáis el trono del eterno coro
con diversas escuadras militando;
Argos divino de cristal y fuego,
por cuyos ojos vela el mundo ciego;

señas esclarecidas
que, con llama parlera y elocuente,
por el mudo silencio repartidas,
a la sombra servís de voz ardiente;

pompa que da la noche a sus vestidos,
letras de luz, misterios encendidos;

de la tiniebla triste
preciosas joyas, y del sueño helado
galas, que en competencia del sol viste;
espías del amante recatado,
fuentes de luz para animar el suelo,
flores lucientes del jardín del cielo,

vosotras, de la luna
familia relumbrante, ninfas claras,
cuyos pasos arrastran la Fortuna,
con cuyos movimientos muda caras,
árbitros de la paz y de la guerra,
que, en ausencia del sol, regís la tierra;

vosotras, de la suerte
dispensadoras, luces tutelares
que dais la vida, que acercáis la muerte,

mudando de semblante, de lugares;
llamas, que habláis con doctos
   movimientos,
cuyos trémulos rayos son acentos;

vosotras, que, enojadas,
a la sed de los surcos y sembrados
la bebida negáis, o ya abrasadas
dais en ceniza el pasto a los ganados,
y si miráis benignas y clementes,
el cielo es labrador para las gentes;

vosotras, cuyas leyes
guarda observante el tiempo
   en toda parte,
amenazas de príncipes y reyes,
si os aborta Saturno, Jove
   o Marte;
ya fijas vais, o ya llevéis delante
por lúbricos caminos greña errante,

si amasteis en la vida
y ya en el firmamento estáis clavadas,
pues la pena de amor nunca se olvida,
y aun suspiráis en signos transformadas,
con Amarilis, ninfa la más bella,
estrellas, ordenad que tenga estrella.

Si entre vosotras una
miró sobre su parto y nacimiento
y de ella se encargó desde la cuna,
dispensando su acción, su movimiento,
pedidla, estrellas, a cualquier que sea,
que la incline siquiera a que me vea.

Yo, en tanto, desatado
en humo, rico aliento de Pancaya,
haré que, peregrino y abrasado,
en busca vuestra por los aires vaya;
rescataré del sol la lira mía
y empezaré a cantar muriendo el día.

Las tenebrosas aves,
que el silencio embarazan con gemido,
volando torpes y cantando graves,
más agüeros que tonos al oído,
para adular mis ansias y mis penas,
ya mis musas serán, ya mis sirenas.

ANSIA DE AMANTE
PORFIADO

¡Oh, Floris, quién pudiera
mudar su pena, trasladar su llanto,
del sacro Guadalén a la ribera;
donde una vez los ojos, otra el canto,
pararon y crecieron ese río,
menos de las montañas que no mío!

El arroyo más blando,
de mi justo dolor reprehendido,
deja de murmurar y va llorando,
y aprende, entre las guijas, mi gemido;
y el céfiro jugando entre las hojas,
contrahace mis quejas y congojas.

El clarín de la aurora,
lira de las florestas y armonía,
la voz de abril y mayo más sonora,

el contrapunto de la luz del día,
oyendo las desdichas que pregono,
muda la letra y entristece el tono.

El habla de los huecos,
y la palabra amante sincopada,
que responden corteses en los ecos
estos benignos montes, porfiada,
viendo la sinrazón que me desvela,
de parte de los montes me consuela.

Aquí vivo amarrado
a la memoria de mi bien perdido,
a esperanza sin sueldo condenado,
y al duro remo del temor asido;
y en estado tan mísero me veo
por sólo un sacrilegio del deseo.

Las mentiras del sueño
aún tiene acobardada mi ventura,

pues por hacer lisonjas a mi dueño,
no se atreve a mentirme su hermosura;
y por decreto de uno y otro cielo,
duermo amenazas y desdichas velo.

Sedienta y desvelada
tengo la vista, sin poder hartarse
del llanto mismo en que se ve anegada;
ni puede arrepentirse ni quejarse,
ni yo puedo vivir en mal tan fuerte,
ni acabo de morir en tanta muerte.

La primer moradora
del mundo, sombra ciega,
    noche avara,
del miedo y la traición madre
    y autora,
la que al abismo arrebozó la cara,
cumple extendida por el alma mía
destierro negro de la luz del día.

Aquel hijo bastardo,
de prudencia cobarde y mentirosa,
consejero de Amor caduco y tardo,
miedo, que ni remedia ni reposa,
tiene sin libertad, puesto en cadenas,
mi pobre corazón deshecho en penas.

Creí (que no debiera)
señas cuanto divinas, engañosas,
halagos venenosos de una fiera,
y, en ondas de oro, Circes mentirosas.
Mas ¿qué bárbaro habrá de ley tan fea,
que a quien por dios adora, no le crea?

¿Cuándo, a pesar del hado,
perezosa traerás, ¡oh, muerte fría!,
lo que te ruego más, hoy desdichado,
y venturoso lo que más temía?
Y tu brazo, que siempre es riguroso,
¿dará a mi padecer blando reposo?

AMOR CONSTANTE
MÁS ALLÁ DE LA MUERTE

Cerrar podrá mis ojos la postrera
sombra que me llevare
  el blanco día,
y podrá desatar esta alma mía
hora a su afán ansioso lisonjera;

mas no, de esa otra parte,
  en la ribera,
dejará la memoria, en donde ardía:
nadar sabe mi llama el agua fría,
y perder el respeto a ley severa.

Alma a quien todo un dios prisión
  ha sido,
venas que humor a tanto fuego
  han dado,
médulas que han gloriosamente ardido,

su cuerpo dejarán, no su cuidado;
serán ceniza, mas tendrá sentido;
polvo serán, mas polvo enamorado.

∽ *Índice* ∽

PRÓLOGO:
Musas castellanas   5

SONETOS DE AMOR Y OTROS POEMAS

Soneto amoroso definiendo
   el Amor   29

Amante ausente del sujeto amado
   después de larga navegación . . .   30

Compara con el Etna
   las propiedades de su amor . . .   32

Ausente, se halla
   en pena rigurosa...   33

Compara el curso de su amor
   con el de un arroyo   34

Finge dentro de sí un infierno,
   cuyas penas procura mitigar
   con la música de su canto,
   pero sin provecho   35

Músico llanto,
   en lágrimas sonoras...   37

∽ *Índice* ∽

Exageraciones de su fuego,
de su llanto, de sus suspiros
y de sus penas 38

Vuelvo al dulce lugar donde,
rendida... 40

Nunca puro amor
fue delincuente... 41

A Aminta, que teniendo un clavel
en la boca, por morderle,
se mordió los labios
y salió sangre 42

A una fénix de diamantes
que Aminta traía al cuello 44

A Aminta, que se cubrió los ojos
con la mano 46

Si quien ha de pintaros
ha de veros... 47

Ceniza en la frente de Aminta,
el miércoles de ella 48

∞ Índice ∞

A una dama que apagó una bujía
   y la volvió a encender
   en el humo soplándola 50

Impugna la nobleza divina
   de que presume el Amor 52

A Aminta, que para enseñar el color
   de su cabello acercó una vela
   y se quemó un rizo que estaba
   junto al cuello 53

A una dama bizca y hermosa 55

A una dama tuerta
   y muy hermosa 56

A otra dama de igual hermosura
   y del todo ciega 57

Llanto, presunción, culto
   y tristeza amorosa 59

A Amarili, que tenía unos pedazos
   de un búcaro en la boca
   y estaba muy al cabo
   de comerlos 60

∞ *Índice* ∞

Quejarse en las penas de amor
    debe ser permitido 62

Elige morir amando, por no
    dar muerte a la amante
    o a la amada 64

Amor no admite compañía
    de competidor, así como
    el reinar 66

A una dama de singular gracia
    y hermosura, que estuvo en
    Francia y hablaba la lengua
    francesa 68

Indignación contra el Amor 70

Admírase de que Flora, siendo toda
    fuego y luz, sea toda hielo 71

Filosofía con la que intenta probar
    que a un mismo tiempo puede
    un sujeto amar a dos 73

Verifica la sentencia de arriba
    en dos afectos suyos 75

❦ *Índice* ❦

Amor que sin detenerse
en el afecto sensitivo
pasa al intelectual 77

Alma es del mundo Amor; Amor
es mente… 79

Música consonancia
del movimiento de unos ojos
hermosos, imperceptible
al oído, como la música
de los cielos 80

Majestuosa hermosura
de semblante disimulado 82

A un caballero que se quejaba
del dilatarse la posesión
de su amor 83

Celebra a una dama poeta,
llamada Antonia 85

Amante agradecido a las lisonjas
mentirosas de un sueño 86

Venganza de la edad
en hermosura presumida 88

∞ *Índice* ∞

A Flori, que tenía unos claveles
    entre el cabello rubio 89

Inútil y débil victoria
    del Amor en el que ya es
    vencido amante 91

Muestra lo que es una mujer
    despreciada 93

A Aminta, que imite al sol
    en dejarle consuelo cuando
    se ausenta 94

Culpa a Flor de injusta
    en el premio de su favor
    con el ejemplo de una vaca
    pretendida en el soto 96

Con el ejemplo del fuego
    enseña a Alexi, pastor,
    cómo se ha de resistir
    al amor en su principio 98

A una fuente, donde solía llorar
    los desdenes de Fili 100

❧ Índice ❧

Si en el loco jamás hubo
    esperanza… 102

Quéjase de lo esquivo
    de su dama 103

Aguarda, riguroso pensamiento… . 104

A fugitivas sombras
    doy abrazos… 105

Más solitario pájaro,
    ¿en cuál techo… 106

Dejad que a voces diga el bien
    que pierdo… 107

Por la cumbre de un monte
    levantado… 108

A un retrato de una dama 109

Embarazada el alma
    y el sentido… 110

Soñé que el brazo de rigor
    armado… 111

Osar, temer, amar
    y aborrecerse… 112

∞ Índice ∞

¿Qué imagen de la muerte
   rigurosa… 113

Del sol huyendo, el mismo
   sol buscaba… 114

Artificiosa flor, rica
   y hermosa… 115

Tras arder siempre, nunca
   consumirme… 116

Lloro mientras el sol alumbra,
   y cuando… 117

De tantas bien nacidas
   esperanzas… 118

Solo sin vos,
   y mi dolor presente… 119

Aunque cualquier lugar
   donde estuvieras… 121

Piedra soy en sufrir pena
   y cuidado… 122

Advierte la brevedad de la hermosura
   con exhortación deliciosa 123

∽ *Índice* ∽

Varios afectos de amante 127

Nueva filosofía de amor contraria
a la que se lee
en las escuelas 131

Sencilla significación de afecto
amoroso, proporcionada
al sujeto amado 137

Llama a Aminta al campo
en amoroso desafío 140

Mostrando su pasión amorosa . . . 145

Dulce señora mía… 147

A un bostezo de Floris 150

Amante sin reposo 152

Contraposición amorosa 153

Alma en prisión de oro 154

Error acertado en condición
mudable 155

En que muestra festejos
de amantes 156

∽ *Índice* ∽

Celebra unos ojos hermosos
   y discretos 158

Muestra lo enamorado
   en lo ausente 161

Sueño 166

Que de Lisi el hermoso desdén
   fue la prisión de su alma
   libre 170

Peligros de hablar y de callar,
   y lenguaje en el silencio 172

Que como su amor no fue sólo
   de las partes exteriores,
   que son mortales,
   tampoco lo será su amor 174

Amor impreso en el alma, que dura
   después de las cenizas 176

Sepulcro de su entendimiento
   en las perfecciones de Lisi 178

Imagina hacer un infierno
   para Lisi, en correspondencia

∞ *Índice* ∞

del infierno de amor
que ya ella le había hecho 180

Amor de sola una vista nace, vive,
crece y se perpetúa 182

Amante apartado pero no
ausente, amador de la hermosura
del alma, sin otro deseo 184

Si dios eres, Amor,
¿cuál es tu cielo…? 186

Epicedio en la muerte de una
ilustre señora, hermosa y difunta
en lo florido de su edad 187

Con ejemplos muestra a Flora
la brevedad de la hermosura
para no malograrla 191

Persuade al río que, pues crecido va
con sus lágrimas, también vaya
significando su dolor 193

Quiere que la hermosura consista
en el movimiento 195

∽ Índice ∽

Confusión de peligros
    contemplando la hermosura
    de quien los causa, y consuelo
    en el riesgo mayor 196

Significa el mal que entra al alma
    por los ojos con la fábula
    de Acteón 198

Con la propiedad de Guadiana
    compara la disimulación
    de sus lágrimas 200

Tú, princesa bellísima
    del día... 202

A Fili que, suelto el cabello, lloraba
    ausencias de su pastor 203

Ausente, se lamenta mirando
    la fuente donde solía mirarse
    su pastora 205

A una dama hermosa que mató
    un águila con un tiro 207

Culpa lo cruel de su dama 208

❧ *Índice* ❧

Cuando a más sueño el alba
    me convida… …………… 209

Cifra de cuanta gloria
    y bien espera… …………… 210

Detén tu curso, Henares,
    tan crecido… …………… 211

Saliste, Doris bella, y florecieron… 212

Tú, rey de ríos, Tajo generoso… …213

A las cenizas de un amante puestas
    en un reloj ……………… 214

Ojos, guardad al corazón secreto… 216

Muda y tierna elocuencia
    derramada… …………… 218

Exequias a una tórtola
    que se quejaba viuda
    y luego fue hallada muerta …. 219

Celebra el cabello de una dama que,
    habiéndosele mandado cortarlo
    a causa de una enfermedad,
    se negó a hacerlo ………… 223

❧ Índice ❧

Que todo tiene fin,
  si no es mi pena 227

Decir puede este río... 229

Besando mis prisiones... 232

Aunque, señora, creo... 235

Exento del amor pisé la hierba... . 238

El sueño 242

Medicamentos enamorados 247

Himno a las estrellas 257

Ansia de amante porfiado 262

Amor constante
  más allá de la muerte 266

Otros títulos

POESÍA

Romancero
Antología

Martín Fierro I y II
José Hernández

Los cantos del payador
Hernández, Hidalgo y otros

Los mejores poemas de amor I y II
Cortázar, Gelman y otros

Cantares de inocencia y experiencia
William Blake

Las mejores poesías chinas
Li Po y otros

Balada de un poeta maldito
François Villon

El cuervo y otros poemas
Edgar Allan Poe

Poemas de Kabir
Rabindranath Tagore

Cuerpo, pueblo, espíritu
Walt Whitman

La Divina Comedia
Dante Alighieri

Afrodita... y otros poemas a la Diosa del Amor
Safo / Catulo

Lunas, penas y gitanos
Federico García Lorca

Una temporada en el infierno / Iluminaciones
Arthur Rimbaud

Los Rubaiyat
Omar Khayyam

Antología Poética
Rubén Darío

Cuentos

Cuentos populares I
León Tolstoi

La dama del perrito y otros cuentos
Antón Chéjov

Cuentos tradicionales I y II
Hermanos Grimm

Escritos con humor
Mark Twain

Cuentos de Canterbury
Geoffrey Chaucer

Lo mejor del Decamerón
Giovanni Boccaccio

El eterno Adán y otros cuentos
Julio Verne

El velo negro y otros cuentos
Charles Dickens

El escarabajo de oro y otros cuentos
Edgar Allan Poe

Cuentos fantásticos
Guy de Maupassant

El fantasma de Canterville y otros relatos
Oscar Wilde

Cuentos ingleses de misterio I, II y III
Dickens, Stevenson y otros

Bartleby y otros cuentos
Herman Melville

Cuentos de mujeres por mujeres
Mansfield, Alcott y otras

Los mejores relatos de derviches
Antología

Los mejores cuentos jasídicos
Baal Shem Tov y otros

Las mil y una noches
Antología

∞ Notas ∞